なぜか
ワインがおいしい
ビストロの
絶品レシピ

紺野 真

隠れた人気店ウグイス&オルガンの自慢の50皿

サンマーク出版

はじめに

東京・三軒茶屋「uguisu（ウグイス）」と西荻窪（にしおぎくぼ）「organ（オルガン）」の店主、紺野真です。ウグイスとオルガン、この2つのお店は、ワインと一緒に僕なりのフランス料理を楽しんでもらう、ワインビストロです。

お店をオープンして10年。この本では、10年の間に、僕とスタッフの仲間が「ウグイス」と「オルガン」の両店で作ってきた料理の中から、とくに記憶に残っているものを選んで紹介しています。
家でもさっと作れそうな簡単なものから、時間も手間もかかる品まで、難易度もさまざま。フランスのクラシックな料理もあるし、僕がアメリカで生活していたころに経験した味や、旅で出会った料理等からインスピレーションを受けて考えた料理も含まれています。すべてお店で実際に提供してきた料理です。

さらにこの本では、料理に合わせたいワインも同時に提案しています。どのワインも個人的に大好きなものばかりです。そしてこれらのワインは、大量生産とは真逆の、家族または個人経営による小規模生産のものがほとんど。輸入量も少ないために、本書に掲載されているワインが常に手に入るとは限りませんが、ぜひ参考にしてみてください。

僕の料理は今もなお、変化し続けています。きっと料理には、完成型などないのかもしれません。ずっと、よりおいしいものを追い求め続けていくものなのだと思う。でもどの品も、その瞬間瞬間で「おいしい」と思ったものばかりを集めたつもりです。
皆様のインスピレーションの糧にしていただいたり、実際に作って味わったり楽しんだりしていただければうれしく思います。

ウグイス/オルガン　店主
紺野 真

もくじ

はじめに 3

大地からの前菜

10種の野菜とクスクスのサラダ 10

ビーツと無花果のサラダ 12

季節のフルーツと緑の葉のサラダ 14

いんげんとマッシュルーム、
セミドライトマトのサラダ 16

砂肝のコンフィと香草のサラダ 18

野菜のスープ、ピストゥ風味 20

ほうれん草のソテー、
生ハムを巻いたグリッシーニと半熟卵添え 22

ファラフェル、空豆のソース 24

ホワイトアスパラと牡蠣のポシェ、
ハーブとしょうがの香りのムースリーヌ 26

名脇役

赤キャベツのマリネ 28

赤キャベツのソテー 29

タブレ 30

キャロットラペ 32

キャビア・ド・オーベルジーヌ 33

ラタトゥイユ 34

じゃがいものピュレ 36

グラタン・ドフィノワ 38

白菜と生ハムのミルフィーユ 40

きのこのソテー 41

海からの前菜

ブランダードと鰯のタルト 46

炙り鯖とじゃがいもの一皿 48

鮪のローズマリー風味、白いんげん豆のピュレ添え 50

いなだのなめろう？ タルタル？ 52

鱈の白子のムニュエル、
海苔とオリーブの黒いソース 54

蟹とアボカドのカネロニ、カリフラワーのピュレ 56

やりいかの詰め物、大葉風味 58

牡蠣のソテーとブルーチーズのムース 60

鮪と南仏野菜のテリーヌ 62

農場からの前菜

レバーのパテ、ほのかな柑橘の香り 68

豚肉のリエット 70

パテ・ド・カンパーニュ 72

パテ・アン・クルート 74

フォワグラのフラン、
栗のピュレとフランボワーズのソース 76

モンドールのフォンデュ、インカのめざめ 78

メインディッシュ

真鯛のポワレ、キャビア・ド・オーベルジーヌ添え
アンティボワーズ・ソース 84

鮭のパイヤッソン、白ワインとハーブのソース 86

プティサレのパン粉焼き、レンズ豆の煮込み添え 88

オルガン風　炊き込みご飯 90

鶏胸肉の蒸し焼き、かぶのきのこ詰めを添えて 92

五穀米とオリーブを詰めた、鶏のロースト 94

鶏とレモンコンフィ、黒オリーブのタジーヌ 96

牛もも肉のロースト 98

仔羊とプルーン、アーモンドの煮込み 100

タプナードを詰めた仔羊のロースト 102

デザート

フォンダン・ショコラ　108

ヌガー・グラッセ　110

ローズヒップとカンパリのジュレ、
グレープフルーツとしょうがのソルベ添え　112

ココナッツのブランマンジェ、
パイナップルとバジルのソルベ　114

パイナップルのソテーとリ・オレ、
ココナッツソルベ添え　116

バナナのしっとりパウンドケーキ　118

スパイシー・ビスコッティ　120

便利でおいしい、だし・ソース・保存料理　124

コラム

「So What」　7

「ヴァン・ナチュール」と呼ばれるワイン　42

250万円で立ち上げた店「uguisu」　64

カフェに憧れた日々──妄想が形になるまで──　80

パリのレストラン「spring」での1週間　104

フィリップと満月とワイン　122

おわりに　129

この本の使い方

・本書で紹介しているレシピは、すべて「ウグイス」と「オルガン」の両店で実際にお客様に提供してきた料理を再現している。
それゆえに、いくつかの料理は工程が複雑で、ときに複数の料理が一皿の中に組み合わされているものなどもある。一皿全部を再現するのが難しくても、たとえば「ソース」や「つけ合わせ」等、その料理の一部だけでも作ってみてほしい。

・また、技術的に難易度が高い料理も、本書には含まれている。それらの料理は当店でも人気のメニューであるため、掲載させていただいた。料理に慣れている方には、ぜひ作ってみていただきたい。そして、もしこれらの料理を実際に食べてみたくなったら、ぜひ僕の店に足を運んでみてほしい。

・本書では、身近な食材を使った料理を中心に紹介させていただいているが、たとえば仔羊やフォワグラ等、一般的には入手が少々難しい食材が料理に含まれている場合がある。これらの食材の入手に関しては、精肉店もしくは輸入食料品店に相談してみてほしい。

・本書では、ピュアオリーブオイルのことを「オリーブオイル」、エキストラバージンオリーブオイルのことを「EVオリーブオイル」と表記している。

・「ココット鍋」と表記しているのは、ストウブなどに代表される鉄製の鍋のことで、「ココット」と表記しているのは、直径7〜8cm程度の小さな皿のことを指している。

「So What」

2005年の春。三軒茶屋の「uguisu（ウグイス）」は、マイルス・デイヴィスの「So What」で始まった。開店初日のBGMの1曲目として、ジャズの名曲「So What」を選んだのは、この曲が好きだったということもあるけれど、本当の理由は、曲のタイトルが「ウグイス」という店の姿勢を端的に表していると思ったからに他ならない。

今から10年前の開店当時、「ウグイス」はかなり特異な店と見られていたように思う。
「ビストロみたいなメニュー内容なのに、ソファが置いてあるよ。あの低いテーブルでディナーするの？」
「カフェって小さく看板に書いてあるけど、オムライスとかサンドイッチとかやってないじゃん」
「ワインバーみたいなのに、グラスのシャンパーニュないのかよ」
「そもそもこんなに駅から離れた住宅街の中で、変な兄ちゃんが一人でやってて、ここバーなの？　カフェなの？　ビストロなの？」
そんな声がいくらでも上がってきそうな店である。

きっと僕はそんな声をひとまとめにして、中指を立ててこう答えたかったに違いない。
So What？　だから何？　と。

「ウグイス」は僕の分身であった。僕がそれまで通ってきた道のりが、そのまま形になっている。18歳からの10年間をアメリカで暮らし、帰国後はカフェとビストロで働き、そこではサービスマンとして接客とワインを担当していた。だから「ウグイス」は、カフェのようであり、またビストロのようでもあり、同時にワインバーとも言える、しかもあまりフランスっぽくない店となった。
だがそれは僕が狙って演出した訳ではなくて、"僕にはそれしかできなかった"と言うほうが正しい。

独立するまでは修業先のワインの管理を任されていたのだから、ワインについてなら多少は語れても、厨房での修業経験がなかった僕にとって、料理のほうはまさに見よう見まねで始めたものだった。「自分には師匠と呼べる人がいない」「自分はフランスで働いた経験がない」。そのことが、僕の中では大きなコンプレックスだった（それは今でもあまり変わっていない）。
コンプレックスだったからこそ、少しでも知識を身につけようと、僕は料理関連の本を読み漁り勉強した。教則本に載っている料理を、端から順に作ってみたこともある。
サービスマンとして修業していたころ、盗み見していたシェフの所作を思い出しながら、自分なりに当時の店の料理を再現してみたりもした。
また何よりも幸運なことに、当時の深夜の「ウグイス」には営業を終えたコックさんやソムリエさんたちがたくさん通ってくれていて、彼らが僕の料理の先生となってくれた。実際に厨房に入っても

らい、作り方を実演してもらったことも何度もある。彼らには本当に感謝してもしきれない。
そんなふうに僕は少しずつ料理を覚えていった。

一方、ワインに関しては、開店してすぐにお客様から紹介していただいた酒屋さんの存在が、僕のワインセレクトにとって大きな影響を与えている。あるとき、その酒屋さんが紹介してくださった白ワインがあった。
それは薄く白濁していて、びっくりしたことにスパークリングワインのように軽く発泡していた。口に含んでみると飲み口は爽やかな柑橘ジュースのようで、アルコールにそんなに強くない僕でも、するすると飲めてしまうものだった。これを最初の1杯目の乾杯用のワインとして飲んでもらおう。そう思いついた僕は、次の日からすべてのお客様にそのワインを勧め始めた。

「泡ある？」
「泡は少し控えめなのですが、1杯目に最高のものがありますよ」

「シャンパンください」
「シャンパーニュのご用意はございませんが、こんな発泡性のワインがあります。よかったら試してみてください」

「とりあえずビール」
「ビールもいいのですが、もっと飲んでいただきたいおもしろいワインがございます」

こんな感じで、なかば無理矢理、お客様方にそのワインを飲んでもらっていった。
反応はすこぶるよくて、こういった当時としては珍しいワインを求めて、ご来店されるお客様がどんどんと増えていった。そして、「ウグイス」開店から6年後、独学ながらも少しずつフランス料理のレパートリーも増え、ワインは薄く濁ったものがリストの大半をしめるようになった2011年の春に、僕は2号店となる「オルガン」を西荻窪にオープンさせた。
6年間という時間は僕を少しだけ丸くして、世の中に対してすぐに中指を立てるクセをやめさせた。その結果、"俺の世界を見てくれ"という「ウグイス」から、"どうぞ楽しんでいってください"というスタンスに変化したのが「オルガン」だ。
でも「オルガン」も本質的には何も変わっていない。むしろ料理、ワインともに自分の中で"おいしい"と感じるものを追求している点では、より"攻め"の姿勢を貫いている。

こんなのフレンチじゃないよ、と言われてしまうかもしれないけれど。
So What？
僕はおいしいものを提供したいだけなのだ。

大地からの前菜
Entrée de «la Terre»

野菜には「力」がある。それはときに肉や魚をも陵駕する。そして、旬の野菜はエネルギーに満ちている。切り方や加熱の仕方1つでまったく違う表情を見せてくれるのも、野菜のおもしろいところ。「旬」の野菜を使い、どうやったらその野菜を一番おいしくいただけるか。それを最初に考える。ここでは、そうしてできた「野菜が主役の料理たち」を紹介します。

10種の野菜とクスクスのサラダ
Salade de 10 légumes et couscous

僕の最初の店「ウグイス」を支えてくれた、人気メニューの1つ。タブレ（クスクスのサラダ p.30参照）より、もっと野菜を主役にしたいという発想からできたサラダだ。
「10種の野菜」とうたってはいるものの、実際にはその日店に届く野菜から、
15種類くらいを使って仕込んでいる。野菜によって生だったり、ゆでたり、蒸したり、
グリルしたりと、最適の調理法で各野菜を下準備している。ご家庭で10〜15種類の
野菜をそろえるのは大変なので、冷蔵庫にある野菜を使ってみてください。
ぜひ入れていただきたい野菜は、生のまま使うトマトときゅうり、グリルして使うパプリカ、
ゆでて使うブロッコリー、蒸して使うかぼちゃ。野菜のみずみずしさと
クスクス（スムール）のぷつぷつとした食感がマッチした、楽しくおいしい一品。

材料（4人分）
生のままの野菜：
├ トマト 1/2個
└ きゅうり 1/5本

グリル（もしくは網焼きする）野菜：
├ パプリカ（赤、黄） 各1/4個
├ なす 1/3本
└ ズッキーニ 1/3本
オリーブオイル 適量

ゆでる野菜：
├ 人参 1/4本
├ かぶ（中サイズ） 1/2個
├ ブロッコリー 1/4個
├ いんげん 3本
├ オクラ 2本
└ スナップエンドウ 4本

蒸す（もしくはレンジで加熱する）野菜：
├ かぼちゃ 80g程度
├ さつまいも 80g程度
└ じゃがいも 1/4個

スパイス・ドレッシング 適量
　＊p.126参照

クスクス：
├ クスクス（スムール） 100g
├ カレー粉 1つまみ
├ 塩こしょう 2つまみ
├ にんにく（みじん切り） 1/2かけ
├ 水 100cc
├ 砂糖 1つまみ
└ EVオリーブオイル 小さじ1

パセリ（みじん切り） 適量
塩こしょう 適量

1　クスクスを用意する。鍋にEVオリーブオイルとにんにくのみじん切り、カレー粉を加え、香りが立ったら、水と砂糖、塩こしょうを加える。

2　1が沸いたら、すぐにクスクスを加え、火を止める。鍋をゆすって湯をなじませ、2〜3分蒸らす。後でドレッシングを合わせるため、通常のクスクスより水分がやや少なめになっている。

3　野菜はすべて食べやすい一口大に切り分ける。ゆでる野菜は、それぞれの野菜ごとに、歯ごたえを残してゆで上げ、氷水に取る（色止めする）。一度に全部ゆでてもよいが、その場合、野菜ごとのゆで時間に注意する。その後、水を切っておく。

4　グリルする野菜の表面にオリーブオイルを塗り、グリルする。

5　蒸す野菜を蒸し器で蒸す。蒸し器がない場合は、容器に入れ、ラップをかけてレンジで加熱する。

6　グリル野菜、蒸す野菜も、それぞれ歯ごたえを残すよう意識する。

7　加熱した野菜が冷えたら、生の野菜を入れ、塩こしょうで下味をつけ、ドレッシングとクスクス、パセリのみじん切りを加え、あえる。

ビーツと無花果のサラダ
Salade de betteraves et figues

僕の大好きな2つの食材、ビーツと無花果を合わせたサラダ。
ビーツは土の香りがする血のように赤い色をした根菜。
ゆっくり時間をかけてローストすることで、滋味深い甘みが出てくる。
そこに官能的な味わいの果肉を持った無花果を合わせ、
ブルーチーズの塩気で全体を引き締める。じつにエロティックな
サラダだと思う。ビーツは皮をむいてローストすることで
土臭さが和らぎ、上品な仕上がりになる。

材料（2人分）
ビーツ（中サイズ）　1個
無花果　1個
ブルーチーズ　10g
くるみ　8g
チャービル　1本
しょうがドレッシング　大さじ1　＊p.126参照
レモン汁　適量
塩こしょう　適量
サラダ油　適量
EVオリーブオイル　適量

1　ビーツの皮をむき、塩こしょうをし、サラダ油を表面に軽く塗り、アルミホイルで包み、180℃のオーブンで約90分間、竹串がすっと入るようになるまで加熱する。粗熱を取り、冷蔵庫で冷やす。
2　くるみを170℃のオーブンで、焦げないように注意しながら10分間加熱し、粗熱を取っておく。
3　ビーツを厚さ1cmに切り、塩こしょうをし、しょうがドレッシングであえる。
4　3のビーツを皿に並べ、ブルーチーズとくるみを飾る。無花果をカットして塩をふり、ビーツの上に置く。さらにその上にチャービルを飾る。
5　仕上げにレモン汁をチャービルと無花果にしぼり、EVオリーブオイルをまわしかける。

おすすめのワイン
**ジェラール・シュレール /
ゲヴルツトラミネール 05**
ほんのりと自然な甘みのある白ワインが、このサラダの甘みと塩気とマッチ。アルザスのカリスマ、ジェラールとブリュノの親子が醸すワインだ。

季節のフルーツと緑の葉のサラダ
Salade de fruits de saison et feuilles vertes

季節ごとに旬のフルーツを使ったグリーンサラダ。
夏であったらネクタリンと桃、夏から秋であれば葡萄と梨など、
果汁を多く含んだフルーツ2〜3種類を組み合わせて使うのが僕の好み。
このサラダになくてはならないのが、タラゴン（エストラゴン）。
この清涼感あふれるハーブとみずみずしいフルーツとの組み合わせが
最高なのだ。葉ものの野菜は、ミックスリーフの他に春菊やクレソン、
つるむらさき等、強い個性を持った野菜を少量混ぜ込むと、
味に変化が出て、食べていて楽しいと思う。
店では、自分たちの畑で育てた野菜も加えて作っている。

材料（3〜4人分）
季節のフルーツ（お好みで）：
├巨峰　1/4房
├梨　1/4個
├グレープフルーツ　1/2個
└エシャロット（みじん切り）　小さじ1

葉もの野菜（お好みで）：
├ミックスリーフ　1パック
├春菊　2本
├クレソン　1束
└つるむらさき　2本

タラゴン　1本
塩　1つまみ
赤ワインビネガー　小さじ1
EVオリーブオイル　適量
しょうがドレッシング　適量　＊p.126参照

1　巨峰は皮をむき、梨は皮をむき食べやすい大きさに、グレープフルーツは房に分ける。
2　ボウルに切り分けたフルーツとエシャロットのみじん切り、タラゴンを加えて軽く塩をふる。
3　葉もの野菜を加え、塩こしょう（分量外）をし、しょうがドレッシングと赤ワインビネガーをボウルのふちからまわしかけ、手を使って野菜にまとわせるように混ぜ、器に盛る。

いんげんとマッシュルーム、セミドライトマトのサラダ
Salade de haricots verts, champignons et tomates semi-séchées

初夏には、自分たちで耕している畑でいんげんが採れる。採れたてのいんげんはじつにみずみずしくて柔らかく、生でも食べられるほど。新鮮ないんげんを味わってもらいたくて始めたこのサラダ、お店でもとても人気。シンプルな組み合わせのサラダだけど、じつはいろいろと工夫があって、この一皿を一度作るだけのために、すべてのパーツを仕込むのは、少々大変かもしれない。たとえばバルサミコソースに漬けたエシャロットのロースト、自家製のセミドライトマト、アーモンドのロースト等……各パーツに一手間かけているからこそ、このサラダには格別のおいしさがあるのだ。ただ、それぞれの具材を多めに仕込んで保存しておけば、いざこのサラダを作りたいときにも、楽かと思う。自家製セミドライトマトはパスタに加えてみたり、アーモンドのローストはデザートのトッピングに使ってみたりと、他の料理への流用もできるはず。

材料（3〜4人分）
エシャロットのロースト　10g（右欄参照）
セミドライトマト　8切れ（右欄参照）
アーモンドのロースト　10g（右欄参照）
いんげん　10〜15本
スナップエンドウ　6本
生のエシャロット（みじん切り）　1つまみ
マッシュルーム（スライス）　1個分
クレソン　10g
ルッコラ　10g
香草　5g

スパイス・ドレッシング　5g　＊p.126参照
赤ワインビネガー　2cc
塩こしょう　少々
パルミジャーノチーズ　15g
バルサミコ・ソース　少々　＊p.125参照

◎エシャロットのロースト
エシャロットの皮をはぎ、アルミホイルで包み、180℃のオーブンで20分ローストし、粗熱が取れたら2mm幅の輪切りにしてバルサミコ・ソース（p.125参照）に漬けて冷蔵庫で保管する。約1週間は保存可能。

◎自家製セミドライトマト
プチトマトを半分に切り、切り口を上にしてバットに並べEVオリーブオイルをまわしかけ、130℃のオーブンで約1時間加熱する。冷蔵庫にて約3〜4日間は保存可能。市販のドライトマトのオイル漬けでもOK。

◎アーモンドのロースト
アーモンドは170℃のオーブンにて、焦げないように注意しながら10分間加熱し、粗熱を取る。常温で2週間は保存可能。

1　いんげんとスナップエンドウはそれぞれ食感が残る程度にゆで、冷水に取る。その後ペーパーの上で水気を切っておく。パルミジャーノチーズは包丁で薄くスライスしておく。

2　ボウルに生のエシャロットのみじん切り、エシャロットのロースト、セミドライトマト、いんげん、スナップエンドウ、ルッコラ、香菜、クレソン、マッシュルームのスライスを加え、軽く塩こしょうをふり、スパイス・ドレッシングと赤ワインビネガーをボウルのふちからまわしかけ、具材にからませるように混ぜ合わせる。

3　皿に2を盛り、仕上げにアーモンドのローストとパルミジャーノのスライスをのせ、バルサミコ・ソースをかけて完成。

砂肝のコンフィと香草のサラダ
Salade de confits de gésiers et herbes aromatiques

砂肝はおいしい。焼き鳥のように焼いてもよいのだけれど、にんにくとスパイスと共にコンフィにすることで砂肝は驚くほど柔らかくなり、よりおいしくいただける。これだけで立派なワインのつまみになるけれども、ここでは香菜やクレソン、春菊など野性味あふれる葉もの野菜を合わせてサラダに仕立ててみた。香菜はシラー種の赤ワインによく合うと思う。しかもどっしりと重くて渋いタイプではなくて、軽やかでしなやかなシラーとの相性は抜群だ。スパイスのきいた砂肝と香菜、これと赤ワイン。食卓が楽しくなること請け合いだ。

材料（2〜3人分）
砂肝のコンフィ（作りやすい量）：
砂肝　500g
にんにく　5かけ
クミン　7g
コニャック　15cc
塩　約7g（肉総量に対して1.5%）
サラダ油　適量
ローリエ　2枚

サラダ（2〜3人分）：
香菜　60g
春菊、クレソン（季節によっては芹（せり）などもおすすめ）　30g
エシャロット（みじん切り）　小さじ1
しょうがドレッシング　適量
　＊p.126参照
クルトン　大さじ1
くるみ　4粒
塩こしょう　適量

1　砂肝のコンフィを作る。砂肝の汚れや白い筋を取り除き、半分に分割する（銀皮は取らなくてよい）。

2　ボウルに砂肝を取り、掃除した後の砂肝の重さを量り、それに対して1.5%の塩を加える。

3　にんにくの皮をむき、包丁の背を使ってつぶした後、4等分程度にごく粗く切る（つぶすことでにんにくの香りが移りやすくなる）。

4　にんにく、クミン、コニャックを加えよくもみこんで、味をしみ込ませる。

5　深鍋に4のボウルの中身を移し、しっかり砂肝がつかる量のサラダ油を入れ、ローリエ2枚を加え3時間半火にかける。一度油が沸いたら弱火にして90℃前後を保つようにする。油の表面が静かに「ポコッ、ポコッ」となるのが目安。もしくは90℃のオーブンに入れて、3時間半加熱する。アクは随時すくい取るようにする。

6　竹串が簡単にすっと入るようになっていたら完成。そのまま冷やし、油と一緒に冷蔵庫で2週間は保存可能。

7　サラダに加えたい量の砂肝のコンフィを取り出し、フッ素樹脂加工のフライパンでこんがりと焼き色をつける。油がはねるので、フタをする。

8　サラダを作る。香菜、その他の野菜を一口大にちぎりボウルに入れる。エシャロットのみじん切りを加え、塩をふり下味をつける。こしょうをふり、しょうがドレッシングを加えあえる。

9　皿に8を盛り、砂肝のコンフィをのせ、クルトン、砕いたくるみを飾り完成。

おすすめのワイン
ジル・アッゾーニ／オマージュ・ア・ロベール
「ウグイス」のオープン時からずっと使っている大切なワイン。シラーが入っているが、軽やかでピチピチとした赤いベリー系の、果実味たっぷりのワイン。茎や梗（こう）、ハーブを連想させる植物的なニュアンスが、香菜のもつ爽やかな風味に寄り添う。

野菜のスープ、ピストゥ風味
Soupe de légumes au pistou

仏プロヴァンスの家庭でよく食されている、野菜たっぷりのスープ。野菜の他に白いんげん豆を加えることで、コクが出て食べがいのある一品となる。プロヴァンスではここにショートパスタを加えることもある。乾燥いんげん豆を水で戻す時間がない場合には、缶詰の白いんげん豆で代用してもOK。その場合には最後のトマトと同じタイミングでスープに加えること。もし冷蔵庫にキャベツやパプリカ等が余っていたら、ぜひ加えてみてほしい。また違ったおいしさが生まれるはずだから。白いんげん豆を下ゆでする際には、塩を加えずにゆでることで、豆の皮が固くならずにふっくらと柔らかく仕上がる。

材料（3〜4人分）
玉ねぎ　1/2個
にんにく　1かけ
人参　1/3本
セロリ　1/2本
ベーコン　50g（約2枚分）
じゃがいも　1/2個
さやいんげん　16本程度
ズッキーニ　1本
乾燥白いんげん豆（一晩水につけて戻しておく）　100g
トマト（種を取り除いておく）　1個
ローリエ　2枚
ピストゥ・ソース　適量（大さじ1〜2程度）（右欄参照）
塩こしょう　適量
オリーブオイル　適量

1　水気を切った白いんげん豆を鍋に入れ、豆が完全にひたる量の水とローリエを1枚入れ、中火にかける。沸騰したら弱火にして、アクを取りながら20分間煮る。
2　にんにくはつぶした後、粗みじんにする。さやいんげんは1cmの長さに切りそろえる。その他の材料は1cm角に切りそろえておく。
3　フライパンにオリーブオイルを引き、玉ねぎ、にんにく、人参、セロリ、ベーコンを入れ弱火で2分間炒める。
4　じゃがいもとさやいんげん、ズッキーニを加えさっと油をからませるように炒める。
5　1に4を加え、材料がすべて水にひたるくらいまで水を足す。もう1枚ローリエを加え、塩こしょうで味をととのえ、弱火にて約20分間、野菜と白いんげん豆に火が通るまで煮込む。
6　最後にトマトを加えてさっと再沸騰させる。好みの量のピストゥ・ソースをスープの表面に落としてできあがり。

ピストゥ・ソース

材料
EVオリーブオイル　80cc
バジルの葉　50g（約2パック）
イタリアンパセリ　25g（約1パック）
にんにく　1かけ
パルミジャーノパウダー（もしくはパルミジャーノチーズをおろし金ですりおろしたもの）　大さじ1と1/2
塩　1つまみ

1　バジルとイタリアンパセリの茎を取り除く。
2　材料をすべてミキサーにかけてなめらかにしてできあがり。

※　プロヴァンスで作られるバジルベースのソース。大変便利で魚や肉料理、スープやパスタにも使える万能ソースなので、作り置きしておくとよい。冷凍保存しておいて、使う分だけレンジで温める。そうすれば1か月は保存が可能。

ほうれん草のソテー、
生ハムを巻いたグリッシーニと半熟卵添え
Epinards sautés au œuf poché et au gressin

僕はたまにほうれん草を無性に食べたくなる。しかもたっぷりと。
そんなとき、僕が自宅でちゃちゃっと作る料理の1つに、
ほうれん草のパスタがある。ほうれん草にベーコンとしょうが、
にんにくを使って作るシンプルなものだが、この料理はそれを
店用にアレンジしたもの。ベーコンを生ハムに置き換えて、
パスタをグリッシーニに代えて、ほうれん草と相性のいい卵を加えて、
ワインを飲みながらつまめるようなスタイルに仕立ててみた。

材料（1人分）
ほうれん草　1束
しょうが（すりおろし）　小さじ1/3
にんにく（みじん切り）　少々
バター　適量
卵　1個
オイスターソース　少々
パルミジャーノパウダー（もしくはパルミジャーノチーズをおろし金ですりおろしたもの）　少々
塩　適量
粗挽き黒こしょう　適量
グリッシーニ（作りやすい量）：
├強力粉　150g
├ドライイースト　3g
├砂糖　5g
├塩　3g
├EVオリーブオイル　15cc
└水　100cc
生ハム　1枚

1　グリッシーニを作る。水以外のグリッシーニの材料をすべてボウルに入れ、少しずつ水を加えながら生地に張りが出るまでこね、ボウルにラップをかけ、1時間ほど休ませる。

2　細長い形に形成し、天板にのせ、190℃のオーブンで20分焼き、粗熱を取る。

3　半熟卵を作る。冷蔵庫から出した卵をぬるま湯につけ、室温に戻しておく。小鍋に湯を沸かし、沸騰したら、室温に戻した卵を入れ、正確に5分半ゆでる。すぐに湯から引き上げ、即座に流水に当てながら殻をむく。

4　フライパンにバターを溶かし、すりおろししょうが、にんにくのみじん切りを加え、香りが出たら、ほうれん草、オイスターソース、塩、パルミジャーノパウダーを加え、さっとソテーする。

5　ソテーしたほうれん草をまな板の上でざっくりと切り、セルクル（洋菓子を作るときに使う円形の型）を使って皿に盛る。半熟卵、生ハムを巻いたグリッシーニを添え、仕上げに粗挽き黒こしょうをふる。

ファラフェル、空豆のソース
Falafel à la sauce de fève

パリのマレ地区に、ファラフェルサンドの店がある。
最近では観光客で長蛇の列ができているけれど、パリに来るたびに、
せっかくだから食べて帰りたいなと思うのは僕だけだろうか。
動物性のものを使っていないのに、あのおいしさったら一体なんなんだろう。
そう思っていろいろと自分なりに作ってみたのがこれ。火を通していない
ひよこ豆につなぎも加えず丸めて、生からじっくりと油で揚げて
火を通すのが本来の作り方。ソースも動物性のものは使わずに、
伝統的なタヒニソース（ごまペーストを使ったソース）をベースに作ってみた。

材料（2〜3人分）
ファラフェル（作りやすい量）：
- ひよこ豆（乾燥したもの）　130g
- あめ色玉ねぎ　80g ＊p.127参照
- にんにく（みじん切り）　2かけ（約15g）
- クミンシード　6g
- コリアンダーシード　4g
- EVオリーブオイル　小さじ1
- 蜂蜜　小さじ3/4
- カレー粉　小さじ1/2
- 塩　少々

EVオリーブオイル　適量
ローズマリー（飾り用）　1本

空豆のソース：
- 空豆（むいておく）　60g
- 白ごまペースト（タヒニ）　40g
- レモン汁（またはライムのしぼり汁）
　　1/4個分
- EVオリーブオイル　5g
- 水　50cc
- 塩こしょう　適量

1　ファラフェルを作る。ひよこ豆は一晩水で戻した後、水気を切っておく。スパイス類は包丁で刻んでおく。

2　ファラフェルの材料をすべてフードプロセッサーに入れ、なめらかになるまで回す。

3　2を一口大に丸め、低温のEVオリーブオイルでゆっくりときつね色になるまで揚げる（2度揚げするとかりっとした仕上がりになる）。

4　空豆のソースを作る。空豆をゆで皮をむき、他の材料と共にミキサーにかけてソースとする。

5　ソースを皿に流し、ローズマリーを刺したファラフェルを盛る。

ホワイトアスパラと牡蠣のポシェ、ハーブとしょうがの香りのムースリーヌ
Asperges blanches et huîtres pochées,
sauce mousseline aux herbes et au gingembre

フランス人にとって、ホワイトアスパラは春の訪れを告げる特別な野菜。春になるとフランスの八百屋の軒先にはずらりとホワイトアスパラが並ぶ。うちの店でも春になるとホワイトアスパラを使っていろいろな料理を作る。フランスではゆでたホワイトアスパラに卵黄とバターを使ったオランデーズ・ソースを合わせるのがもっとも一般的な調理法だが、ここではしょうがの香りを移したオランデーズ・ソースにホイップクリームとハーブを加え、より軽く仕上げたムースリーヌ・ソースを合わせている。レモンをしっかりとしぼり、爽やかな酸味をきかせるのがポイント。
このソースは手早く仕上げることが重要なので、すべての材料をしっかりと準備しておくこと。卵は2個使ったほうが失敗なくできるが、仕上がりの量が一般のご家庭には少し多いかと思うので、ソースが余った場合はゆでた野菜や、焼いた白身魚にぜひ合わせてみてください。

材料（2～3人分）
パルミジャーノチップ（4枚分）：
パルミジャーノパウダー
　（もしくはパルミジャーノチーズをおろし金ですりおろしたもの）　小さじ8

ムースリーヌ・ソース（作りやすい量）：
生クリーム　30g
ハーブ（ディル、タラゴン、チャービル）　適量
しょうが（スライス）　4～5枚
ペルノー酒　50cc
水　50cc
蜂蜜　小さじ1
塩　2つまみ
卵黄　2個
バター（溶かしておく）　大さじ3
レモン汁　1/2個分
塩（仕上げ用）　少々

牡蠣　3個
水　適量
白ワイン　50cc

ホワイトアスパラガス　3本
塩こしょう　適量

パルミジャーノチップを作る

1　クッキングシートにパルミジャーノパウダーを直径5cm程度の大きさの円形に広げ、210℃のオーブンで3分間、175℃に温度を下げ、さらに4分間加熱する。冷めたら、へらを使ってシートからはがす。

ムースリーヌ・ソースを作る

2　生クリームは泡立て器を使って、しっかりと10分立てにしておく。ハーブは粗みじん切りにしておく。卵黄2個を準備しておく。

3　小鍋と小鍋より一回り大きいサイズの鍋（湯せん用）の2つの鍋を用意する。大きい湯せん用の鍋には湯を沸かしておく。小鍋にはしょうがのスライスとペルノー酒を入れ弱火にかけ、水分が完全になくなるまで加熱する。

4　小鍋に即座に水50ccを加え、しょうがは取り出す。この段階で小鍋はペルノー酒としょうがの香りを移した水が入っている状態。そこに蜂蜜と塩、卵黄を加え、湯せん用の鍋に鍋底を当てながら泡立て器を使って攪拌（かくはん）する。湯せん用の鍋は中火にて沸騰を保つ。

5　卵黄にしっかりとしたツノが立つようになったら湯せんから外し、溶かしておいたバターとレモン汁を加え、手早く攪拌する。仕上げに2の生クリームとハーブのみじん切りを加え、塩加減を調節する。

ホワイトアスパラと牡蠣のポシェを作る

6　小鍋に水を沸かし、白ワインを加える。そこに牡蠣を入れ、ごく弱火で牡蠣に火を入れる。火入れは最小限にとどめる（僕はこのゆで汁は保管してつぎ足しつぎ足し使っている。そうすることで牡蠣の旨みがより濃いものになっていく）。

7　アスパラガスがしっかり入る大きさの鍋に湯を沸かし、アスパラガスをゆでる。ゆで上がったら、塩こしょうをふる。

8　アスパラガスを皿に盛り、6の牡蠣をのせムースリーヌ・ソースをかけ、仕上げにパルミジャーノチップをのせる。

名脇役

赤キャベツのマリネ
Chou rouge mariné

よく飲食業界の人たちがこの名脇役のつけ合わせに反応する。「おもしろい味ですが、何が入っているんですか?」と聞かれることが多い。ワインビストロでナンプラーやコブミカンといったスパイスが使われているとは想像しにくいのかもしれない。作りたてが抜群においしいと思う。

材料(2〜4人分)
赤キャベツ 1/4個
塩 適量
ナンプラー 大さじ1
赤ワインビネガー 大さじ3
蜂蜜 大さじ1
コブミカンの葉
　(フレッシュなもの) 1枚
レモン汁 1/2個分
コリアンダーシード 2g

1　コブミカンの葉は軸を取り除き、みじん切りにしておく。
2　赤キャベツは芯を取り除き1mmくらいの千切りにし、ボウルに入れ軽く塩もみをし15分程度置いておく。
3　ナンプラー、赤ワインビネガー、蜂蜜、1のコブミカンの葉、レモン汁、コリアンダーシードを入れて、全体になじむように混ぜ合わせる。

名脇役

赤キャベツのソテー
Chou rouge sauté

パリのレストラン「スプリング」のダニエルシェフがキャベツをプランチャ（鉄板）でわざと焦がすように焼いていたのをヒントにしている。焦がしたキャベツとアンチョビは鉄板の組み合わせ。
ちょっと焼きうどんみたいな味わいになるから不思議。

材料（2〜4人分）
赤キャベツ　1/4個
アンチョビペースト　小さじ1
バター　大さじ1
レモン汁　1/4個分
塩こしょう　適量

1　赤キャベツを一口大に切り、網をコンロにのせ、弱火にて軽く焦げ目をつける。
2　フライパンにバターとアンチョビペーストを入れ火にかける。アンチョビとバターの香ばしい香りが出て、バターに褐色の色がついてきたら、赤キャベツとレモン汁を入れフタをして蒸し煮にする。
3　赤キャベツに火が通ったら、塩こしょうで味をととのえて完成。

名脇役

タブレ
Taboulé

タブレとはクスクス（スムール）を使ったサラダのこと。
あっさりとしていて、野菜と穀類（クスクス）が同時にとれるので、
つけ合わせにも大活躍。焼いた羊や、魚料理に添えれば、
エキゾチックな仕上がりになる。

材料（3〜4人分）
水　100cc
レーズン　40g
なす　70g（中くらいのサイズ1本）
ズッキーニ　70g（1/2本）
パプリカ（赤、黄）　各1/4個
トマト　小1個
イタリアンパセリ　2本

EVオリーブオイル　小さじ1
にんにく（みじん切り）　小さじ1/3
カレー粉　小さじ1/3
きび糖　小さじ1/3
クスクス（スムール）　100g
塩こしょう　適量
レモン汁（仕上げ用）　適量

1 小鍋に水100ccを沸かし、レーズンを入れ5分ほどおいてレーズンを柔らかくする。戻した水も濾して取りおく。

2 なすは5mm角（加熱すると縮むので、他の野菜より一回り大きく切っておく）に切り、EVオリーブオイル（分量外）を引いたフライパンで火を通しバットに取り、塩をふる。

3 ズッキーニ、パプリカ（赤、黄）は4mm角に切る。小鍋に湯を沸かし、ズッキーニとパプリカをさっとゆで、冷水に取って粗熱を取った後、水を切り、バットに取って塩をふる。

4 トマトは4mm角に、イタリアンパセリはみじん切りにする。

5 鍋にEVオリーブオイルを引き、にんにくのみじん切りとカレー粉を加え、弱火で香りを出す。

6 香りが立ったら、すぐに1の水ときび糖を加えてさっと沸かす。

7 そこにクスクスを加え、すばやく塩こしょうで味をととのえ、フタをして蒸す。

8 7に1のレーズン、2のなす、3のズッキーニとパプリカ、トマトとイタリアンパセリを加えてあえる。仕上げにレモンをしぼってできあがり。

名脇役

キャロットラペ
Carottes râpées

人参を使ったフランスの定番家庭料理。ポイントは、人参を
千切りにするのではなくて、ラペする（＝削りおろす）ところにある。
ラペ用スライサーを使うことで、切り口が適度に乱雑になり、
そこからドレッシングがよくなじんでいく。人参とキャラウェイシード
（スパイスの一種）の組み合わせも僕は大好きで、
キャロットラペは料理のつけ合わせとして常備している。

材料（作りやすい量）
人参　2本
エシャロット（みじん切り）　1/2個
塩こしょう　適量

ドレッシング（作りやすい量）：
- ディジョンマスタード　15g
- 赤ワインビネガー　50cc
- 塩　適量
- オレンジ、グレープフルーツ、レモン等の
  柑橘のマーマレード　15g
- キャラウェイシード　2つまみ
- サラダ油　10g

1　人参を専用おろし金を使いラペする（削りおろす）。あまり短くラペすると、くずのようになってしまうので、できあがりの人参にはある程度の長さをもたせるように削る。

2　ドレッシングを作る。サラダ油以外の材料をボウルに入れ、よく混ぜる。泡立て器で撹拌しながら、そこにサラダ油を少しずつ加え乳化させる。

3　1にエシャロットのみじん切りと塩こしょうを加え、2のドレッシングであえる。

名脇役

キャビア・ド・オーベルジーヌ
Caviar d'aubergine

キャビア・ド・オーベルジーヌ(なすのキャビア)とは、なすの黒い皮や種がキャビアのように見えることからこの名前がついたとされている。別名、貧乏人のキャビアと呼ばれることも。なすは食べごたえがあるのに、野菜だから軽くて、つけ合わせには大変重宝している。このままバゲットに塗ってつまみとしても召し上がっていただける。

材料(3〜4人分)
なす(中サイズ) 7本
にんにく 2かけ
アンチョビフィレ 3枚
ドライトマト 4個
EVオリーブオイル 適量
塩こしょう 適量

1 にんにくの皮をむいておく。なすを縦に半分に切り、断面に包丁で格子状に切り込みを入れる。天板に並べEVオリーブオイルをまわしかけ、にんにくものせておく。180℃のオーブンで18〜20分、なすが柔らかくなるまで加熱する。

2 スプーンでなすの果肉を削り取り、ボウルに取る。残った皮の3/4は捨て、1/4はみじん切りにして果肉に加え、黒い色どりと軽い苦みのアクセントとする。

3 アンチョビとドライトマトをみじん切りにして、2に加え、よく混ぜる。塩こしょうで味をととのえる。

名脇役
ラタトゥイユ
Ratatouille

フランスの家庭料理のお総菜として
とてもポピュラーなラタトゥイユ。
ていねいに作ったラタトゥイユはそれはそれはおいしい。
作りたての熱々もおいしいけれど、
冷蔵庫で一晩寝かせると味がなじんでいっそうおいしくなる。
僕はラタトゥイユをソースの代わりに、
焼いた白身魚やローストした仔羊に添えている。

材料（3～4人分）
玉ねぎ　3/4個
にんにく　2かけ
セロリ　1/8本
パプリカ（赤、黄）　各1個
ズッキーニ　1本
なす　2本
トマト（中サイズ）　2個
トマトペースト　大さじ2
オリーブオイル　適量
タイム　3本
塩こしょう　適量

1　トマト以外の野菜はすべて食べやすい一口大に切り分ける。にんにくは包丁の背を使ってつぶす。
2　トマトは湯むきした後、種を取り出し、一口大に切り分ける。
3　フライパンに多めのオリーブオイルを引き、なすを素揚げする感覚で炒める。なすは油と非常に相性のいい野菜なので、なすを他の野菜とは別にして、油で揚げるように仕上げるのがこのレシピのポイント。
4　鍋にオリーブオイルを引き、つぶしたにんにくを加えて弱火にかけ香りを出す。香りが立ってきたら、玉ねぎ、セロリ、パプリカ、ズッキーニを加え、約10分間フタをして炒める。
5　2のトマトとトマトペースト、3のなすを加えて、塩こしょうをする。タイムを加えてさらに20分間弱火にて加熱してできあがり。作りたての熱々を食するか、冷蔵庫で保存して冷たい状態で食してもおいしい。

おすすめのワイン
ル・トン・デ・スリーズ／
ラ・プール・デュ・ルージュ
涼しげな表情を持ったシャルドネ。ドイツ人アクセル・プリファーが新しい感覚で仕込んでいる、旨みたっぷりの薄濁りワイン。

名脇役

じゃがいものピュレ
Purée de pommes de terre

寄り添う料理を引き立てる、和食で言えば「白米」的な存在。
フレンチではもっともオーソドックスなつけ合わせの1つがこれ。
それゆえに、作る人の好みによって、作り方のバリエーションはさまざまだ。
今回はじゃがいものグルテンを生かし、じゃがいもの粘りと旨みを
楽しんでいただける作り方を紹介している。このレシピのポイントは3つ。
1 じゃがいもは皮つきのままゆでる。
2 にんにくの香りをつける。
3 ムーランですばやく裏ごしする。
ちなみに「ムーラン」とはフランスで使用される手回し型の裏ごし器のこと。
ムーランがない場合は、裏ごし器とへらを使って行う。

材料(3～4人分)
じゃがいも　4個(約500g)
にんにく　1かけ
牛乳　100g
生クリーム　30g
バター　40g
塩こしょう　適量

1 じゃがいもとにんにくは皮つきのまま、鍋で水の状態から約40分ゆでる。
2 じゃがいもに竹串がすっと入るほど柔らかくなったら、ざるにあげ水気を切り、熱いうちに手早く皮をむく。小鍋に牛乳と生クリームを入れ火にかけ、一度沸かす。
3 ムーランでじゃがいもとにんにくを裏ごしし、バターを加え、すばやく合わせる。
4 2で沸かしておいた熱い牛乳と生クリームを加える。じゃがいもの粘度を見ながら牛乳と生クリームを加える量は調節する。塩こしょうをして、へらを使ってしっかりと混ぜ合わせる。

名脇役

グラタン・ドフィノワ
Gratin dauphinois

フランスの家庭でも、またビストロでも頻繁に登場する料理。じゃがいもを牛乳やクリームで煮て、じゃがいものデンプン質が溶け込んでとろみがついた煮汁をもう一度じゃがいもにまわしかけてオーブンで焼き上げるという、とてもフランス的な一品だ。
生クリームを使う人、使わない人。またそこにナツメグを加える人、加えない人。本当にさまざまなレシピがある。
じゃがいもに合わせるチーズも千差万別で、一番ポピュラーなのはおそらく「グリュイエールチーズ」。手に入らない場合は「パルミジャーノ」で代用してもおいしい。いろいろ試して僕が好きだったのは、少量のブルーチーズを加え、にんにくの香りをきかせるスタイル。ブルーチーズは塩気が強いので量は控えめに。あくまで風味づけのアクセントになる程度にとどめて。

材料（2〜4人分）
じゃがいも　300g
にんにく　1/2かけ
生クリーム　80g
牛乳　240g
ブルーチーズ（3〜4mmの角切り）　20g
すりおろしたグリュイエールチーズ
　（もしくはパルミジャーノチーズ）　20g
イタリアンパセリ（飾り用）　適量

1　じゃがいもの皮をむき、厚さ5mm程度にスライスする。
2　小鍋に皮をむいたにんにくと生クリーム、牛乳、スライスしたじゃがいもを入れ、火にかける。沸騰したら弱火にして約7分間、じゃがいもに火が通るまで加熱する（火を入れすぎると煮崩れするので注意する）。
3　じゃがいもの形を崩さないようにていねいに鍋から取り出し、グラタン皿もしくは耐熱皿に並べる。鍋に残った煮汁は弱火にかけ、にんにくはスプーンでつぶし、とろみが出るまで煮詰める。
4　3で並べたじゃがいもの上から煮詰めた煮汁をまわしかけ、角切りにしたブルーチーズをじゃがいもの上にのせ、おろし金ですりおろしたグリュイエールチーズ（もしくはパルミジャーノチーズ）をふりかける。
5　200℃のオーブンで約10分間、表面に焼き色がつくまで加熱し、仕上げに刻んだイタリアンパセリをふって、できあがり。

名脇役
白菜と生ハムのミルフィーユ
Millefeuille de chou chinois au jambon cru

白菜がおいしい冬に作っていただきたい一品。
簡単にできて、見た目も美しい。
クリームを使った料理の、最上のつけ合わせにもなる。
切りにくい場合はラップでくるみ、
ラップごと切り出すと型がくずれにくい。

材料(2〜3人分)
白菜　1/4株
生ハム　4枚
フォン・ブラン(鶏ガラだし)　150cc
　＊p.124参照
塩こしょう　適量

1　白菜の葉と葉の間に生ハムを挟んでいく。すべての葉の間に挟むと塩からくなってしまうので、白菜全体で3段くらいになるイメージ。
2　生ハムを挟んだ白菜をバットにのせる。上から軽く塩こしょうをし、さらにフォン・ブランをまわしかける。
3　アルミホイルをかぶせ、180℃のオーブンで約30分間加熱する。

名脇役

きのこのソテー
Champignons sautés

セップ・ア・ラ・ボルドレーズ（セップ茸のボルドー風）という料理があるけれど、これはそのセップを日本のきのこに置き換えたもの。シンプルだけど、旨みたっぷりの一品だ。数種類のきのこを入れると味に奥行きが出る。とくに「なめこ」を入れるとソースにとろみがついておいしくなると思う。散らすパセリは、ぜひイタリアンパセリを使用して。普通のパセリとはまったく違う仕上がりになるはず。

材料（2〜3人分）
マッシュルーム　1パック
大株のなめこ　1/2パック
きくらげ　1/4パック
しいたけ　2個
しめじ　1/2パック
にんにく（みじん切り）　小さじ1
エシャロット（みじん切り）
　小さじ1
バター　大さじ1
水　少々
イタリアンパセリ（みじん切り）　3〜4本分
塩こしょう　適量

1　しいたけ、きくらげは適度な大きさに切り、しめじとなめこはほぐす。マッシュルームは土を落とす。
2　フライパンにバター、にんにく、エシャロットを入れ弱火にかける。
3　香りが出たら1のきのこを入れて塩こしょうする。水を少しふり入れて鍋にフタをして蒸し煮にする。
4　きのこに火が通ったら味をととのえて、イタリアンパセリを散らす。

「ヴァン・ナチュール」と呼ばれるワイン

数年前、Tという名の飲み屋に入ったときの話。
Tは西荻窪でもう30年以上も続く、知る人ぞ知る隠れ家的な名店だが、外から中がまったく見えない作りになっているせいもあってか、気にはなっていたのだけれど、それまで入店することができずにいた。
西荻在住のお客様から、いい店だよと勧められたこともあって、その晩はついに意を決してTに入ってみることにしたのだ。

外観からはわからなかったが、店内は吹き抜けになっており、高い天井からは大きなイサムノグチのAKARIがぶらさがっている。30年前の開店当時としてみれば、かなり尖ったセンスだったのではないだろうか。
カウンターの中には白髪の上品ないでたちの初老の女性がいた。彼女が一人でつまみを作り、そしてカウンターに座る五人ほどの年配の常連客たちの接客をしていた。
その中に一人、白人男性の姿があった。
西荻を知り尽くしたような人しか受けつけない雰囲気の店に、外国人の客とはちょっと意外な感じがした。
そして僕が通された席は、この白人男性の隣だった。

「どこかで飲まれて来たのですか？」
白人男性が声をかけてきた。
完璧な日本語だった。いや、正確に言うと、ほんのかすかなアクセントがあるような気もしたのだけれど、それはきっと彼が白人だったからそう感じただけで、もし彼が日本人の顔立ちをしていたら、僕はそのわずかな訛りに気づいてすらいなかったに違いない。それくらい流暢な日本語だった。
「いえ、仕事帰りなんです」
と僕が答えると、
「それはそれはお疲れさま。ずいぶんと仕事が終わるのが遅いんだね。どんなお仕事をされておられるのかな？」
彼の言葉使いには、深い教養を感じさせるものがあった。
「ビストロをやっています。ワインはヴァン・ナチュールと呼ばれているようなものを中心に扱っています」
普段なら、初対面の方に「ヴァン・ナチュール」という言葉は使わないのだけれど、きっとこの人なら通じるだろうと勝手に判断して、そう答えた。
「なるほど、ビストロにヴァン・ナチュールというからには、あなたの店はおそらくフランス料理を出すんだね。そのヴァン・ナチュールというのは、普通のワインとはどう違うものなのかな？」

ものすごく理解が早い方だな。何者だろうこの人は。そう思いながら、僕は簡単に「ヴァン・ナチュール」とはどういうワインなのかの説明をした。

畑の上での仕事は化学的に合成された物質の使用を控え、有機栽培を実践していること。そして醸造においても、発酵は自然にその場所に存在する自生酵母を使って行う。フィルターは基本的にかけない、かけたとしてもごく軽くの使用に限る。SO2と呼ばれる亜硫酸塩を使用しない、もしくはごくわずかな使用に限る。そして「ヴァン・ナチュール」というのは、フランスにおいては、技術面だけではなく、あきらかに思想面も含むムーブメントであって、その流れに賛同した生産者のワインが「ヴァン・ナチュール」と呼ばれていることが多いということ。

そんな話を終えたところで、白人男性から意外な答えが返ってきた。
「ワインというのは街と似ているね」
「？？？？」
まったく想像がつかなかった返答に、僕の頭の中は一瞬だけ真っ白になった。
すると彼は話し始めた。

「街というのは、本来とても有機的で混沌としているものなんだよ。さまざまなものがそこには共存していて、ときに、人によっては見たくないもの、あってほしくないものまで、街は抱えているはずなんだ」
「ところが、そこに大企業という資本が介入し、行政が介入するとどういうことになるかわかるかい？」
彼は続けた。
「大資本はどの街に行っても、一様に同じスタイルの店や建物を大量に作り出す。そして行政は街を整備し、見たくないもの、臭いもの、汚いものすべてを取り除いてしまう」
「たしかに街はきれいになり、安全になるかもしれない。でも同時に生き生きとした街の魅力も失ってしまっているんだよ。今の東京はどの街に行っても同じ景色ばかりになってしまったね」
「昔の街には酔っぱらいがいて、赤線があって、汚い部分もあったけど、それらも含めてたまらなく魅力があるんだよ。ここ西荻にはまだわずかだけれど、そういう古い街の名残(なごり)がある。例えばこの店がそう」

まさにこの白人男性の言う通りだった。ワインは街と似ている。
大資本は培養酵母であり、行政はフィルターだ。
培養酵母は常に安定した発酵を行いやすいし、毎年同じ香りのワインを作り出すことができる。でも同時に、その土地がその年に本来持っている複雑な個性を少なからず奪ってしまっているのだ。フィルターはワインから濁りや、その後ワインに悪影響を与えかねない不必要な物質を取り除いて

くれる。そして美しい色調の澄んだニュアンスのワインを作り出す。でも同時に、多くの魅惑的で複雑な風味や旨みも取り除いてしまっているのだ。

なんとも的を射た話に、僕は深い感銘を受けたので、ここに記させていただいた。その後、この男性と再会はしていないけれど、彼はとある大学の教授で、日本の居酒屋文化について論文を書いている著名なMという人物であった。

僕が好むワインというのは、ここで言う"昔の街"のようなスタイルのもの。
けっして派手ではないけれど、複雑な香りを放っていて、口に含むと生き生きとしたエネルギーに満ちた旨みがたっぷりとのっているもの。混沌とした幾重にも重なるような味わいが時間と共に変化し、そしてするすると体に染み入っていくようなワインだ。

それらのワインの多くは薄く濁っていて、白ワインは乳白色であったり、オレンジがかった色調をしていたりすることもある。赤ワインなのに淡い色をしていたりもする。
収穫された年が違えば、まったく違う味わいになっているのは当たり前だし、同じビンテージのものでも、半年くらい寝かせておくだけで印象がすっかり変化しているものもある。抜栓してグラスに注ぐと、小1時間の間に香りや味わいは刻一刻と変化していく。また瓶の上のほうと瓶底の部分でも、違うワインかと思うくらい別の表情を見せるものもある。

ヴァン・ナチュールの多くは生産者たった一人、もしくは夫婦や家族によって作られていることが多く、彼らの個人的な性格や哲学が如実にワインの味わいに反映される。つまり、生々しいワインなのだ。まるで生きているかのように変化し、その裏にある生産者の生き様を、ワインを通して感じることができるのだ。
だから、僕はできる限り時間を作って、生産者に会いに行くようにしている。
なぜ、このワインはこういう味わいになっているのか。彼らがどのように真摯にワイン作りに向き合い、どんな生活を送りながらワインを作っているのかを、実際にこの目で見てみたいのだ。
僕は彼らのワインを好きなのと同時に、彼ら自身のことも好きなのだ。
だから僕は、ただグラス1杯のワインを売るだけでなく、そのワインを作った生産者を応援するつもりで、毎日ワインをサーヴしている。

海からの前菜
Entrée de «la Mer»

　僕は週に数回、築地市場に通い、新鮮な魚介類を仕入れている。高級魚でなくても日本にはこんなにおいしい魚介があるのかと、今まで幾度となく驚かされてきた。魚を料理するとき、とくに注意していることが2つある。1つはさばき方。とにかく繊細に扱うということ。そしてもう1つは、加熱する際には必要最低限の火入れにとどめるということ。魚を使った「海からの前菜」には、ぜひ辛口で、かつミネラル分を多く含んだ白ワインを合わせてみて欲しい。

ブランダードと鰯のタルト
Tarte à la brandade et aux sardines

「ブランダード」は南フランスで作られる鱈のペースト。塩漬の干し鱈（モリュー）を使って作るのが一般的だが、日本でモリューは手に入りにくいので、ここでは甘塩鱈で代用している。元来はモリューをにんにくと牛乳とオリーブオイルで煮たものをペーストにしていたけれど、近年ではじゃがいもを加えるスタイルが主流になりつつある。ブランダードはバゲットのスライス等に塗って食してもおいしい。ここではさらに一手間かけて、タルトに詰め、鰯をのせてオーブンで焼き上げ、見た目もかわいらしい前菜に仕立ててみた。

材料（2人分／直径8cmのココット2個分）
鰯　3尾
パート・ブリゼ（タルト生地）　160g　＊p.126参照
エルブ・ド・プロヴァンス
　（ハーブをブレンドしたもの）　適量
バター　少々
EVオリーブオイル　少々
塩　少々

ブランダード（作りやすい量）：
甘塩鱈　3切れ（約300g）
じゃがいも　1個（約125g）
にんにく　1かけ
牛乳　200g
生クリーム　50g
水　50cc
タイム　1本
ローリエ　1枚
塩こしょう　適量
EVオリーブオイル　小さじ1と1/2

飾り：
チャービル　1本
ディル　1本
レモン汁　少々
塩　少々
EVオリーブオイル　少々

ピストゥ・ソース　適量　＊p.21参照

1　ブランダードを作る。
　甘塩鱈は皮と骨を取り除いておく。じゃがいもは皮をむき、厚さ約1cm程度に切り分けておく。小鍋に甘塩鱈とじゃがいも、にんにく、牛乳、生クリーム、水、タイム、ローリエを入れ、弱火にて約20〜30分間、甘塩鱈とじゃがいもに完全に火が通るまで加熱する。

2　タイムとローリエを取り出し、鍋の中身をマッシャーでつぶし、塩こしょうで味をととのえ、EVオリーブオイルを加えよく混ぜる。

3　タルト型を焼く。
　パート・ブリゼをめん棒を使ってのばす。1個に対して約80g程度のパート・ブリゼを使う。ココット等の型の内側にバターを塗り、平らにのばしたパート・ブリゼをしき、フォークを使って底の部分に空気の抜ける穴を開けておく。

4　鉛の重り、もしくは大豆等を型に入れ、底のせり上がりを防ぎながら、200℃のオーブンで約15分間、パートブリゼが色づくまで焼く。

5　鰯は3枚におろし、小骨を抜き、塩とエルブ・ド・プロヴァンスをふり、皮面にEVオリーブオイルを塗っておく。

6　4の型から重りを取り除き、ブランダード約80gを入れる。その上に5の鰯をのせ、240℃のオーブンにて鰯の皮面に香ばしく焼き色をつける。

7　セルフィーユとディルを小さくちぎり、塩とレモン汁、EVオリーブオイルであえ、タルトの上にのせ、ピストゥ・ソースを流して完成。

ブランダードはそのままバゲット等に塗って食べてもおいしい。グラタン皿に入れ、パン粉をふってオーブンで焼き上げるのもおすすめ。

タルトの断面。中にブランダードが詰めてある。

炙り鯖とじゃがいもの一皿
Maquereau grillé au chalumeau et pommes de terre

「ウグイス」と「オルガン」両店での名物料理。かれこれ10年間は作り続けている料理になるけれど、この一皿を目当てにうちに来てくれるお客様は数知れない。じつはこの料理、修業時代のまかないからヒントを得ている。当時の同僚の杉ちゃん（現・西麻布「ル・ブトン」杉山将章シェフ）が、まかないで鯖のクールブイヨンマリネというのを作ってくれて、これがものすごくおいしかったのを今でも鮮明に覚えている。鯖とじゃがいもの一皿は、杉ちゃんが作ってくれたまかない料理を、僕なりに変化させていった料理だ。互いに独立した今でも、「この食材、杉ちゃんならどう調理する？」といった具合で、彼には料理についてよく相談に乗ってもらったりしている。抜群の腕前と、明るい人間性を持った杉ちゃんと一緒に修業時代を送れたことは、僕にとって大きな財産になっている。彼がいなかったら、この料理も生まれていなかったから。この場でありがとうとお礼を言いたい。

材料（3〜4人分）
鯖　1尾
塩　適量
にんにく　1かけ
白ワインビネガー　大さじ1
サラダ油（フライパンを使用する場合）　適量

マリネ液：
クールブイヨン（野菜のだし）　500cc ＊p.124参照
白ワインビネガー　大さじ3
昆布　1枚
きび糖　大さじ1
塩　適量

じゃがいも　1と1/2個
オリーブオイル　適量
アンチョビ焦がしバター・ソース　少々 ＊p.125参照
パセリ（みじん切り）　大さじ1/2

1　鯖のマリネを作る。鯖を3枚におろし、骨抜きを使い骨を抜いておく。バットに鯖のフィレを皮面を上にして置き、塩をふり約15分間おく。鯖が汗をかいてくるので、染み出た水分をペーパーでていねいに拭き取る（この水分が悪いにおいの元となるため）。

2　さらににおい消しににんにくを半割にした断面を鯖の皮面にこすりつけ、香りを移す。その後味つけのための塩をふる。1で塩をふっているので、このときの塩は若干軽めにするとよい。

3　2の鯖に白ワインビネガーをまわしかけ冷蔵庫で30分間おき、酢締めにする。

4　3をオーブンに入れるか、またはテフロンのフライパンにサラダ油を引いて火入れする。低温にて全体にギリギリ火が入るようにする。火の入れすぎは禁物。

5　クールブイヨンに白ワインビネガーと昆布、きび糖と塩を加え味をととのえる。その後、氷水に当て冷やす。昆布は入れたままにしておく。

6　5が冷えたら、4の鯖を入れ最低1時間マリネする。

7　鯖を引き上げ、バーナーで皮面に香ばしい焼き色をつける。

8　じゃがいもを厚さ1cm程度のスライスにして塩をふり、オリーブオイルを引いたフライパンで弱火にてじっくりとソテーする。

9　じゃがいもを皿に盛り、上に8の鯖をのせる。アンチョビ焦がしバター・ソースをまわしかけ、刻みパセリを散らして完成。

おすすめのワイン
ドメーヌ・ペイラ SG
個人的には青魚には淡い色調の薄く濁った赤、たとえばこのオーベルニュのガメイやロワール、ボジョレーのガメイを合わせたい。キュッとしまった梅を思わせる酸が魅力。ちなみに僕らの間ではペイラはコレクターズアイテム。2005年でなくなってしまった伝説のワイナリーだ。

鮪のローズマリー風味、白いんげん豆のピュレ添え
Thon mi-cuit au romarin et purée de haricots blancs

7～8年くらい前のことになるかと思うけど、「ウグイス」にある日、一人の男性がふらりと現れた。
ナチュラルなワインにものすごく詳しくて、「なんなんだろうこの人は」とびっくりしたものだった。
それが当時「フェリチタ」のシェフであった岡谷文雄さんだった（現・麹町「ロッシ」オーナーシェフ）。
岡谷シェフにはその後もワインのこと、料理のこと、いろいろなアドバイスをいただいている。
このメニューも、岡谷シェフに教えていただいた料理を、僕なりにアレンジしてみたもの。
もともと岡谷シェフに教えていただいたレシピは、鶏の砂肝で作るものだった。初めて
その砂肝料理を食べたときは「シンプルなのに、なんておいしいんだろう！」と感激したものだった。
そのままでは完全な岡谷さん料理になってしまうので、僕なりにアレンジを加えて
チャレンジしてみることに。砂肝の代わりに鮪を使い、少しさっぱりとしたスタイルにするために、
アンティボワーズ・ソースを加えて仕上げている。他にもメカジキや鰹などで代用してもおいしいと思う。
すり込むにんにくの量がかなり多めだが、実際にこれくらいの量を使わないと味がしまらない。

材料（3～4人分）
乾燥白いんげん豆（一晩水につけて
　戻しておく）　100g
にんにく　2かけ
ローリエ　1枚
水　1000cc
EVオリーブオイル　小さじ1
塩こしょう　適量

鮪のサク　1本（約300g）
塩こしょう　適量
にんにく　3かけ
ローズマリー　1本
赤ワイン　50cc
強力粉　適量
オリーブオイル　適量

アンティボワーズ・ソース　適量
　＊p.85参照

1　鍋に水を切った白いんげん豆とローリエ、にんにく、水を入れ、弱火で約1時間半、豆が完全に柔らかくなるまで煮込む。

2　1からローリエは取り出しておく。豆にEVオリーブオイルと塩を加え、煮汁と共にフードプロセッサーにかける（ピュレの固さを見ながら、加える煮汁の量を調節する）。塩こしょうで味をととのえる。

3　ローズマリーは包丁で細かく刻み粉末状にする。にんにくはすりおろす。

4　鮪のサクの余分な水分は拭き取り、塩こしょうをふる。赤ワインをまわしかけ、3のローズマリーをふり、にんにくをすり込む。その上から強力粉をまぶし、30分間ほどおき、衣をしっとりとさせる。

5　フライパンに多めにオリーブオイルを引き、強火にて4の鮪の表面に焼き色をつける。鮪の中心は半生の状態で仕上げる。

6　5を切り分け皿に盛る。2の白いんげん豆のピュレを添え、アンティボワーズ・ソースをかけ完成。

いなだのなめろう？ タルタル？
Naméro? ou tartare? d'inada

「いなだ」は安価で手に入りやすい、そしておいしい魚。
新鮮なものであれば、せっかくだから生でいただきたい。「なめろう？ タルタル？」とは変わったネーミングの料理だが、なんのことはない、いなだをたたいて、刻んだ玉ねぎやエシャロット、にんにくとハーブと合わせるだけのシンプルないわゆるタルタルだ。味つけにみそを使うことで、なめろうとも呼べる味わいに仕上がったので、こう呼んでいる。僕は生の玉ねぎが苦手なので、ここでは軽く火を通しているが、好きな方は、生のままでもOK。みそが味のアクセント。
簡単にできて、キリッとした白ワインやスパークリングのお供としても最適なスターターとなる。

材料（3〜4人分）
なめろう：
いなだ　400g
玉ねぎ　1/6個
エシャロット　1/2個
EVオリーブオイル（炒め用）　適量
みそ　25g
ディル　1/2パック（約5g）
タラゴン　1本
赤ワインビネガー　小さじ1弱
ライム汁（なければレモン汁）　1/4個分
EVオリーブオイル（仕上げ用）　小さじ1
塩こしょう　適量

サラダ：
うど　1/8本
うるい　1本
タラゴン　少量
きんかん　2個
しょうがドレッシング　適量
　＊p.126参照

薄切りにしたバゲット　4枚

1　なめろうを作る。いなだを3枚におろし、サクに取る。その際に血合いを切り落とし、皮をひく。角切りにした後、包丁でたたいて好みの食感に仕上げる。
2　玉ねぎとエシャロットはみじん切りにし、フライパンにEVオリーブオイルを引き、弱火でさっと火を通す。辛みを抜くイメージで食感は残して仕上げる。粗熱は取っておく。
3　ボウルに1と2を合わせ、みそ、ディルとタラゴンのみじん切りと赤ワインビネガー、ライム汁とEVオリーブオイルを加えスプーンで練り合わせる。塩こしょうで味をととのえる。
4　サラダを作る。さっとゆでたうどはスライスし、うるいは食べやすい大きさに切り分ける。きんかんは薄くスライスする。
5　4をボウルに取り、しょうがドレッシングとあえる。
6　皿に3のなめろうと5のサラダとタラゴンを飾り、トースターでかりっと焼いた薄切りバゲットを添えて完成。

おすすめのワイン
クロード・クルトワ/クオーツ
ロワールのカリスマが作るワイン。僕がもっとも影響を受けたワインの1つ。クオーツ（水晶）という名の通り、伸びやかなミネラルとクルトワ特有のエキゾチックなフルーツを思わせるお香のような香り。

鱈の白子のムニュエル、海苔とオリーブの黒いソース
Laitance de cabilland meunière, sauce noire aux olives et aux algues «nori»

冬になると、この白子を使った料理をよく作る。ここでは、海苔と黒オリーブを使った、磯の風味豊かな真っ黒なソースを合わせてみた。白子との対比が見た目にも美しい一皿になっている。このソースは白子以外にも白身魚に合わせてもおいしいので、ぜひ試してみてほしい。料理のポイントとしては、ムニュエルの表面をさくっと仕上げるよう意識すること。バターを入れた後は、焦がさないようにバターがムース状を保つように。その泡をスプーンですくい、白子にまわしかける動作を「アロゼ」という。バターの旨みを吸わせながら、上からも火を入れていくイメージだ。

材料（3～4人分）
- パートブリック（なければ春巻きの皮で代用可） 1/2枚

海苔とオリーブの黒いソース：
- 焼海苔 2枚
- アンチョビフィレ 2枚（約6g）
- 黒オリーブ 25g
- バター 30g
- フォン・ブラン（鶏ガラだし） 125cc
  ＊p.124参照
- 塩こしょう 適量

- 鱈の白子 100g
- 塩 適量
- 強力粉 適量
- サラダ油 適量
- バター 大さじ1と1/2（約20g）

おすすめのワイン
ブリュノ・シュレール ピノ／グリ レゼルヴ
白子のトロリとした濃厚な味わいには、これくらい密度のある、そして飲み口に粘度を感じるようなタイプのワインがいい。数あるアルザスワインの中でも圧倒的なカリスマ性を誇るワイン。

海苔とオリーブの黒いソースを作る
1. 焼海苔をオーブンで炙り、香りを立たせる。アンチョビは包丁の背を使いペースト状にしておく。黒オリーブは粗みじん切りにしておく。
2. 小鍋にバターを溶かし、鍋をゆすりながら弱火にて加熱し、焦がしバターを作る。最初に大きな泡が立ち、徐々に小さな細かい泡へと変化していくと同時に鍋底に薄茶色のつぶができ始める。このタイミングで1の海苔、アンチョビ、黒オリーブを加える。30秒加熱しアンチョビの香りが立ったら、フォン・ブランを加える。ミキサーにかけて、塩こしょうで味をととのえ、黒いソースの完成。

鱈の白子のムニュエルを作る
3. パートブリックを棒状に巻いて、幅5mmにカットする。軽くほぐし、175℃のオーブンにて5～8分きつね色に色づき、かりっとするまで焼く。
4. 白子の余分な水分はペーパーで拭い、塩をふる。強力粉をまぶし、多めのサラダ油を引いたフライパンに入れる。片面がきつね色に焼き上がるまで白子は動かさないようにする。
5. 白子をひっくり返しバターを加える。白いクリーミーな泡が立ってくるので、弱火にする。バターは焦げやすいので注意する。フライパンの中のバターの泡をスプーンですくい、何度も白子の表面にかけ、上から火を入れる（アロゼする）。下面も焼けたらフライパンから取り出す。
6. 皿に黒いソースをしき、5の白子をのせ、仕上げに3のパートブリックをのせる。

蟹とアボカドのカネロニ、カリフラワーのピュレ
Cannelloni de crabe et avocat sur purée de chou-fleur

蟹とアボカドはとても相性がいい。マヨネーズのようなソースをあえて冷たい状態でいただくと、甘みとコクが合わさって、かつさっぱりとした一品になる。夏の暑い日にぴったりの前菜だ。ちなみにカネロニとは一般的には筒状のパスタを指すが、ここでは具材を巻く料理のことをカネロニと呼んでいる。赤芯大根で蟹とアボカドを巻いているが、季節によってはタコとセロリなど他の旬の具材にしてもおいしい。

材料（約10人分 / 作りやすい量）
蟹　1匹

ソース・クリュスタッセ：
蟹の殻　蟹1匹分
ノイリープラット（ない場合は白ワイン
　で代用可）　適量
玉ねぎ　1個
セロリ　1本
にんにく　2かけ
トマト（中サイズ）　1個
パセリの軸（なくてもよい）　適量
フェンネルの葉（なくてもよい）　適量
ペルノー酒　100cc
あめ色玉ねぎ　100g ＊p.127参照
生米粒　小さじ1
生クリーム　100g
カイエンヌペッパー　少々
サラダ油　適量
塩　適量

カリフラワーのピュレ：
カリフラワー　400g
バター　40g
水　600cc
生クリーム　80g
塩　適量

カネロニ：
赤芯大根（赤かぶでもよい）　1/4本
ほぐした蟹の身（ソース・クリュスタッ
　セの2の工程で取り出したもの）　30g
アボカド　1/4個
きゅうり　1/4本
ライム　適量（なくてもよい）
ムースリーヌ・ソース
　（マヨネーズで代用可）
　大さじ1 ＊p.27参照
ハーブ（チャービル、ディル等）（飾り用）
　適量

ソース・クリュスタッセ（甲殻類のソース）を作る

1　蟹を洗い、汚れを落とす。蟹がすっぽりと入る大きさの鍋に蟹が完全にひたる量の水を沸かし、中火で約10分間加熱し、蟹の身に火を入れる。ゆでた水は取っておく。

2　はさみを使って蟹の身を取り出しておく（この部分はカネロニで使う）。

3　鍋にサラダ油を引き、蟹の殻とノイリープラットを加える。殻から香ばしい香りが立つまで炒めたら、そこに1のゆで汁と蟹のみそを戻し、玉ねぎ、セロリ、にんにく、トマト、パセリの軸、フェンネルの葉を入れ、弱火にかける。ときおりマッシャーで殻をつぶし、旨みを抽出しやすくする。アクは随時ひく。約4時間弱火にかけた後、濾して蟹のだしを取る。取れただしは粗熱を取り、冷蔵庫で保存する。

4　小鍋にペルノー酒を入れ弱火にかけ、量が約1/2になるまで煮詰める。そこに3の蟹のだし500ccとあめ色玉ねぎ、生米粒、生クリームを加え、弱火にかける。

5　量が約2/3程度まで煮詰まり、ほどよいとろみがついたら裏ごしし、カイエンヌペッパー、塩で味をととのえる。このソースは、約1週間保存しておける。

カリフラワーのピュレを作る

6　小鍋にカリフラワー、バター、水、塩を加え弱火で約30分間、カリフラワーが完全に柔らかくなるまで煮る。水分が鍋にかすかに残る程度まで水分を飛ばす。この水分量によってピュレの固さが左右されるので、注意する。

7　6に生クリームを加え、ミキサーにかける。

カネロニを作る

8　赤芯大根をごく薄くスライスしバットに並べ塩をふり、約3分間蒸す。柔らかくなったら、粗熱を取っておく。

9　アボカド、きゅうりは5mm角に切り出しておく。

10　ボウルにほぐした蟹の身とアボカドときゅうりを入れる（好みでトマトを加えてもおいしい）。塩をふり下味をつけたら、お好みでライムをしぼり、ムースリーヌ・ソースであえる。

11　赤芯大根で10を巻く。

12　皿にソース・クリュスタッセを流し、カリフラワーのピュレをしき、上に11をのせ最後にハーブを飾る。

やりいかの詰め物、大葉風味
Calamars farcis au riz et au shiso

やりいかはその形状から、つい中に何かを詰めたくなってしまう。
今までやりいかにはいろいろなものを詰めてきて、レパートリーもずいぶん増えたけれど、
これはその1つ。だれもが好きな炊き込みご飯。p.90にも登場する
「オルガン風 炊き込みご飯」をベースに、ゲソと大葉、食感に松の実を加えたのだから、
おいしくないわけがない。大葉をバジルや三つ葉に代えてもおいしくいただける。

材料（6人分）
やりいか　6本
塩こしょう　適量

詰め物：
バターライス
├米　1合
├黒糖　2g
├酢　2g
├みりん　4g
├しょうが（粗みじん切り）　2g
├バター　4g
├昆布　1枚
├塩こしょう　少々
├サラダ油　適量
└水　170cc
いかのゲソ　6本分
　（上記やりいか6本のゲソ部分）
松の実　25g
大葉　6枚
大葉のソース：
├大葉　15枚
├フォン・ブラン　100cc　＊p.124参照
├イタリアンパセリ　5g
├EVオリーブオイル　6g
├水溶き片栗粉　適量
└塩こしょう　適量
EVオリーブオイル　適量
大葉（飾り用）　適量

1. いかはワタを取り、皮をむいておく。ゲソは粗みじん切りにしてフライパンでソテー、塩こしょうしておく。
2. 詰め物にするバターライスを炊く。米を研ぎ、バターライスの材料をココット鍋に入れる。中火にて沸騰させ、フタをして弱火にして15分間加熱する。15分たったら、火を止め5分間蒸らす。炊飯器を利用してもいい。
3. 米を炊いている間に、大葉を千切りにして、松の実はオーブンまたはトースターでローストしておく。焦げないように注意する。
4. 炊き上がったバターライスから昆布を取り除き、3の大葉、松の実、1のゲソを合わせる。
5. 1のいかの胴体に4を詰め、爪楊枝で口を止めておく。
6. 大葉のソースを作る。ミキサーに水溶き片栗粉以外の材料を入れ、しっかりと回す。こしてなめらかな液体にし、塩こしょうで味をととのえる。
7. 6を小鍋に入れ、軽く沸かし、水溶き片栗粉で濃度を調節する。
8. フライパンにEVオリーブオイルを引き、5のいかを弱火でソテーする。
9. 皿にソースをしき、8のいかを半分に切り盛りつける。素揚げにした大葉を飾って完成。

牡蠣のソテーとブルーチーズのムース
Huîtres sautés et mousse de fromage bleu

細かい分量などは自分なりに変えているものの、このブルーチーズのムースの
基本的な作り方は、10年ほど前に料理研究家の平野由希子さんに教えていただいたもの。
ディナーの最初の1杯目のスパークリングワインを楽しめるようにアレンジしてみた。
牡蠣もブルーチーズのムースもシャンパーニュのような辛口のスパークリングワインと
非常に相性がいいので、牡蠣とムースを交互にいただいたり、牡蠣にムースをのせて
一緒に味わったりと自分なりの楽しみ方を見つけてほしい。

材料（2〜3人分）
ブルーチーズのムース：
ゴルゴンゾーラ　60g
白ワイン　120cc
生クリーム　180g
ゼラチン　4g

牡蠣のむき身　4個
塩　適量
カレー粉　ごく少量
強力粉　適量
サラダ油　適量

グリッシーニ　適量　＊p.23参照

1　ブルーチーズのムースを作る。ゼラチンは冷水につけて戻す。小鍋に白ワインを入れ火にかけ、半量になるまで煮詰める。ゴルゴンゾーラと生クリームを加え、ひと煮立ちさせ、ゼラチンの水気を切って加え溶かす。粗熱が取れたら、器に流し冷蔵庫で冷やし固める。
2　牡蠣のむき身は、塩とかすかに香る程度のわずかな量のカレー粉で味つけし、強力粉をまぶす。フライパンにサラダ油を引き牡蠣の両面をこんがりと焼く。
3　皿に焼いた牡蠣と1のブルーチーズのムース、グリッシーニを添えて完成。

おすすめのワイン

フランソワ・グリニャン / アルス・アンティカ
レモンを思わせるシャープな酸味が、牡蠣の濃い旨みをぐっと引き締めてくれる。旨みがぎゅっと詰まっていながら、心地よい発泡が口内をさっぱりとさせてくれる。

鮪と南仏野菜のテリーヌ
Terrine de thon et légumes provençales

プロヴァンスの市場で山積みになっているトマト、パプリカ、ズッキーニになす。
それらの野菜を、やはり南仏では当たり前のように食されている鮪と一緒に
テリーヌにした。テリーヌのよさは、その見た目の美しさ。
そして味わいが外に逃げずに型の中に閉じ込められ一体感が出ること。
それを感じられる一皿。

材料（3〜4人分）
　　（長さ15cmのテリーヌ型1台分）
鮪のサク　1本（約300g）
にんにく　1かけ
タイム　1本
ローズマリー　1本
ローリエ　2枚
塩こしょう　少々
強力粉　適量
オリーブオイル　適量

フュメ・ド・ポワソン（魚のだし）
　250cc ＊p.124参照
エルブ・ド・プロヴァンス
　（ハーブをブレンドしたもの）　少々
塩こしょう　適量
ゼラチン　8g

パプリカ（赤、黄）　各1個
ズッキーニ　1本
オリーブオイル　適量
にんにくスライス　適量
なす　2本
EVオリーブオイル　適量
オイル漬けドライトマト　12個
塩　適量

1　鮪のサクに塩こしょうをして、スライスしたにんにくとタイム、ローズマリー、ローリエをのせ、できれば冷蔵庫で一晩置く（マリネする）。

2　鮪からハーブを取り除き、余分な水分を拭き取ったら、強力粉をふり、オリーブオイルを引いたフライパンで中〜強火にて鮪の表面を一気に焼く（中は「半生」に仕上げる）。

3　小鍋にフュメ・ド・ポワソンを入れ、エルブ・ド・プロヴァンスを加え、塩こしょうで味をととのえる。一度沸かしてハーブの香りを移したら、そこにゼラチンを溶かし粗熱を取っておく。

4　パプリカは、網の上で表面が真っ黒になるまで焼き、冷水に取り、焼けた皮と種を取り除き、平らな状態に成形したら塩をふっておく。

5　ズッキーニは板状に切り出し、塩をしたらフライパンでオリーブオイルとにんにくと共に、しんなりするまで火入れし、取り置く。

6　なすは板状に切り出し、塩をふったら、EVオリーブオイルをふり、175℃のオーブンで約5分間、なすがしんなりするまで火入れする。

7　オイル漬けドライトマトは、ペーパーで余分なオイルをよく拭き取っておく。

8　テリーヌ型に、最初になすをしき詰める。その内側にズッキーニ、鮪、ドライトマト、パプリカを順に詰めていく。食材の間に3を少量ずつ流し込み、接着剤とする。

9　材料をすべて詰め終えたら、重しをして冷蔵庫で一晩寝かせ、安定させる。

250万円で立ち上げた店「uguisu」

飲食の仕事って華やかな部分より、むしろそのほとんどが地味な作業で、しかも体力を使うことが多い。延々と魚の小骨を抜いていたり、ひたすら皿を洗い続けていたり。12時間以上ろくに休憩も取らず、立ちっぱなしでの労働は当たり前の世界。それでもやっぱりこの仕事って、すごくおもしろくて、そしてとてもやりがいのある職業だと思っている。
そんな飲食業の世界に身を置き、1つの目標としていた「自分の店を持つ」ということを形にできたのが10年前。それが「ウグイス」というお店。そして4年前に2店舗目の「オルガン」を立ち上げ、どうにかこれまで2店舗を継続してこられたのは、とても幸運なことだと感じている。

僕にとって最初の店、「ウグイス」は、わずか250万円で立ち上げたお店だ。不動産屋に支払った保証金と、敷金・礼金等を含む契約費用で、約100万円。厨房設備及び内装・外装に、約100万円。オープン当日までに必要な酒類や食材、それから食器や備品に約50万円。ざっくりこんな感じの内訳だった。
最近では勝手が違うのかもしれないが、僕がレストランで修業していた時代には、よく先輩方から、「店を立ち上げるには最低1,000万円は必要だよ」と言われてきたものだった。
「1,000万円」というマジックナンバーがどこから出てきたものなのかはわからないが、ろくに貯金もしていなかった僕にとって、当時1,000万円なんていう大金の持ち合わせはなかった。僕に投資してくれるようなパトロンもいない。でも、どうにかして自分のお店を持ちたい。その夢だけはずっと諦めきれずにいた。スズメの涙程度の貯金と、両親から借りたお金を合わせて300万円。それが、僕が工面できた最大限の金額だった。
そこで僕は、予算300万円で店を立ち上げてみようと決心した。

「300万円の新車を1台買うようなもんだ」
当時の僕は、自分にそう言い聞かせていた。従業員を雇うような金銭的余裕もないから、店は自分一人で始めることにした。それなら、たとえ売り上げが立たなくても、僕の収入がないだけですむ。もし家賃や光熱費すら払えないような状況になってしまったら、新車が事故で廃車になってしまったと思うことにしよう。そうしたら、また一従業員としてどこかのレストランで働いて、車のローンを返せばいいじゃないか。
先輩たちの言う1,000万円という額は手に余るけれど、新車1台分だったら、なんとかなるんじゃないか。そう思えばなんだか踏み切れる気がしたのだ。
だから、「ウグイス」を立ち上げる際には、お金をかけないように工夫した。とにかく自分がやってみたいスタイルを形にする。それだけが目標だった。そして、結果的に予算より50万円安い、250万円でお店をスタートすることができたのだった。

僕はこう思っている。最初から「理想の立地」「理想の道具」「理想の内装」「理想の食材」をそろえる必要はないんじゃないかと。もちろん、「ここだけは譲れない」という部分には納得がいくまでこだわることも必要だと思うけれども、最初はできるだけ少ない投資で開業したほうが絶対にリスクが少ない。

きっと有名な映画監督だって、最初のデビュー作では低予算、しかもいろいろな制限がつきまとう中で、工夫をして映画を撮っていたに違いない。あのスピルバーグだって、出世作「激突！」では、超低予算ですばらしい映画を作り上げている。

理想を追い求め始めたらきっとキリがない。最初から自分の身の丈以上にお金をかけて店作りをするのではなく、自分に与えられた条件の中で、できる限り自分の思う理想形に近づける店作りのほうが、スタートとしてはいいんじゃないか。

これが僕の考えだ。

それに、「何不自由なく物がそろっている状態ではなく、何か不自由な状況下で試行錯誤することで新しいものが生まれる」と僕は信じている。

ロックバンドがガレージみたいな場所で録音した1stアルバムが、荒削りだけど最高に格好よくて勢いがあったのに、売れて一流プロデューサーを迎え、海外の一流スタジオでレコーディングした2ndアルバムは、なんかつまらなかったり。

ファッションでも、上から下まで全身を有名ブランドで固めた服装ってなんか興味ない。それよりも古着をうまく着こなしていたりする格好に、僕はよっぽど興味を惹かれる。

つまり、筋トレのように「自分に負荷をかける」ということ。負荷をかけることで、今までなかった新しい筋肉がつくのだ。

僕が長いこと暮らしていたロサンゼルスのロングビーチにあった「the library」というカフェは、まさにそれを体現しているお店だった。そして、ここは「僕も同じように、いつかお店をやるんだ」と思わせてくれた大切なお店。

店内にはジャンクヤードから安く買い取った（もしくは拾ってきた）大きなソファやシャンデリアがボンと置いてある。壁はベニヤ板にペンキを塗っただけみたいな。でもその無造作な感じがやたらと格好がいい。

こういうお店には、やっぱりその感覚を共有できる人たちが集まってくる。そして、同じアンテナを持った人たちが集まることで、その場所から新しい文化が生まれてくる。これがストリートカルチャーなのだと思う。そして僕はいつもこういうストリートカルチャーに身を置いていたいと願う。ロックでありたい。

話が脱線したが、つまり「お金は持っていなかったけれど、むしろお金がない中で工夫することで、新しいものが生まれるのではないか」と信じて、さまざまな工夫を重ねてきた結果が、「ウグイス」であり「オルガン」なのだ。

農場からの前菜
Entrée de «la Ferme»

フランスの食文化を理解する上でも、シャルキトリ（肉加工品）を作り続けていくことはとても大切なことだと思う。なぜならそこには、フランス人の知恵がたくさん詰まっているからだ。何度改良を重ねても、これで完璧だというのは見えてこない。だからこそシャルキトリはおもしろい。またフランスのヴィニュロン（ワイン生産者）の家で食事をごちそうになると、決まって彼らのワインと共にパンとチーズ、そしてシャルキトリがふるまわれる。言い換えれば、それさえあれば、もう他には何もいらないのだ。当然ワインとシャルキトリの相性は抜群で、白でも赤でも発砲でも、産地も北から南まで幅広く合わせることができる。もともと保存食として作られているものなので、保存性も高い。ぜひご家庭でも一品作ってみてもらいたい。ワインがいっそうおいしくなるはずだから。

レバーのパテ、ほのかな柑橘の香り
Mousse de foie de volaille au agrumes

ワインバーの定番のおつまみ、レバーパテ。僕はほんのりとした甘みをつけて仕立てている。甘いだけではなくて、そこに柑橘の香りを乗せることで、ぐっとレバーが上品になる。柑橘はオレンジ、グレープフルーツ、八朔、柚子など、その時節の好みのものを試してほしい。店ではマーマレードを仕込んでおいてそれを使用するが、市販のものを使用してもかまわない。市販のものを使う場合は、皮が入ったタイプのものがおすすめ。レバーは弱火でやさしく、内側まで温めるイメージで加熱すること。火を入れすぎるとなめらかに仕上がらないので注意。

材料（3〜4人分）
鶏レバー　500g
柑橘のマーマレード　大さじ1
コニャック　100cc
赤ポルトワイン　100cc
ナツメグパウダー　小さじ1/2
塩こしょう　適量
生クリーム　大さじ2
バター　50g
バゲット（お好みで）　適量

1　フライパンにバターを溶かし入れる。塩こしょうしたレバー、柑橘のマーマレード、コニャック、ポルトワイン、ナツメグを加え、弱火で約3分間、レバーの中が温まるまでソテーする。
2　1に生クリームを加え、フードプロセッサーにかける。
3　2を裏ごししてなめらかにする。バゲットを添えて完成。

おすすめのワイン
シルヴァン・マルティネズ / ガズウイ
たっぷりの果実味は重心が低く丸みを帯びている。まるでかみ締めた果実からジュワッと果汁があふれてきているかのような錯覚。そこにかすかな発泡が爽やかさを加えている。最初の1杯におすすめ。これとレバーのパテ。最高のスターターだ。

豚肉のリエット
Rillettes de porc

ワインのお供として定番のリエット。シンプルだけれど、とても奥が深い料理だ。
基本的には豚肉を水、そして豚肉が持つ脂分によって、煮崩れるまで煮込む料理。
つまり肉の味わいをストレートに味わう料理。玉ねぎや野菜を加えるとそこに野菜の
マイルドさが加わる。肉々しい感じに仕上げたければ野菜を加えなくてもいい。
大切なのは肉から溶け出した旨みを含んだ脂分を100%肉に戻すこと。
水分が多く鍋に残っていたら、煮詰めてちょうどいい水分量にすることがポイントだ。
こればかりは何回か繰り返して作ってみて、自分の好みを見つけることが重要。
煮込んだ豚肉をフードプロセッサーで回す作り方もあるけれど、僕は肉の
繊維質が残ったタイプの方が好み。だから木べらを使ってほぐしていく。
少々手間がかかるけれど、ストレートに肉を味わえる一品になるはず。

材料（7〜8人分）
豚バラ肉　1kg
豚の背脂　130g
あめ色玉ねぎ　150g　＊p.127参照
白ワイン　約350cc
水　約650cc
にんにく　1/2株（約30g）
セロリ　1/3本
タイム　2本
ローズマリー　1本
ローリエ　1枚
塩こしょう　少々
サラダ油　適量
バゲット（お好みで）　適量

1　豚バラ肉を4cm角程度のぶつ切りにし、塩をふる。サラダ油を引いたフライパンで中〜強火にて表面をきつね色に焼き固める。

2　豚肉がきっちりと並べて入る大きさの深鍋に、1の豚バラと、その他の材料をすべて入れる。弱〜中火にて一度沸かし、アクをすくう。

3　弱火に落とし、120℃を保ち、約3時間半、完全に肉が柔らかくなるまで煮込む。液面がかすかに揺らめく程度が目印。

4　鍋からセロリとハーブを取り出す（植物の持つ水分が保存の妨げとなるから）。水分が多いようなら、さらに加熱を続け煮汁の量を調整する。目安としては、鍋底1cmくらいに煮汁がたまっているくらいがちょうどよい。

5　肉と煮汁をバットに取り、木べら2本を使いつぶす。豚肉とにんにくが細かくなったらボウルに移し、氷に当てへらを使って混ぜる。

6　脂分が固まっていく間も木べらで混ぜ続け、全体が白いペースト状になったら完成（そのまま冷蔵庫で2週間保存可能）。バゲットを添えていただく。

パテ・ド・カンパーニュ
Pâté de campagne

シャルキトリ(肉加工品)の定番中の定番で、各店が独自のスタイルを持って作っている料理。他の店に行ってパテ・ド・カンパーニュを食べるたびに、「ああ、おいしいなぁ。うちのパテ・ド・カンパーニュはまだまだだなぁ」と思ってしまう。シンプルな料理なのに、何度作っても「これだ!」というレベルには達せず、いまだに改良を続けている。以前、神楽坂の名店「ル・マンジュ・トゥー」の谷昇シェフにも雑誌の取材を兼ねて、パテ・ド・カンパーニュの作り方を伝授していただいたことがあるが、そのとき教わった秘訣は「熟成」。熟成を経ることで、パテの味はコクを増していく。僕の店では、作ってからだいたい1週間は寝かせるようにしている。あともう1つ、重要なのが「火入れ」。しっとりとした旨みを含んだパテを作るために、切り口がピンク色を保ったギリギリの火入れを意識している。

材料(長さ30cmのテリーヌ型1本分)
豚肩ロース肉　870g
豚のど肉(トントロ)　270g
鶏レバー　270g
豚の背脂　270g
あめ色玉ねぎ　100g ＊p.127参照
にんにく(みじん切り)　20g
スパイス
　クローブ　2粒
　ナツメグパウダー　1.3g
　クミンシード　4.7g
　白こしょう、黒こしょう　各1g
白ワイン　65cc
赤ポルトワイン　65cc
コニャック　13cc
塩　22g
網脂　適量
ローリエ　2枚
ラード(保存用)　適量
粗びき黒こしょう(仕上げ用)　適量

1　肩ロース肉の半量をミンサーで挽く(ミンサーがない場合はフードプロセッサーでもOK。もしくは精肉店で挽いてもらう)。もう半量は食感を残すために手切りにする。鶏レバーは掃除をしてミンサーで挽く。背脂とトントロ、あめ色玉ねぎも同様にミンサーにて挽く。にんにくはみじん切りに、スパイスはミルまたは包丁でごく細かく粉砕する。

2　大きめのボウルを用意し、1をすべて混ぜ合わせる。白ワイン、赤ポルトワイン、コニャック、塩を加え、氷水に当て冷やしながら粘りが出るまでよくこねる。

3　テリーヌ型に網脂をしき、2を空気を入れないようにきっちりと詰める。

4　網脂で完全に包み、ローリエをのせテリーヌ型のフタをする。

5　お湯を沸かし、4のテリーヌ型を湯せんにかけながら130℃のオーブンで75分、芯温が65℃になるまで加熱する。

6　粗熱が取れたら焼き汁を捨て、型を氷水に当て冷やしながら、上に重しをのせてテリーヌをプレスする。そうすることで中身がぎゅっと詰まったパテとなる。

7　完全に冷やし固まったら、表面に溶かしたラードを流し、密閉しさらに冷蔵庫で1週間熟成させる。

8　お好みのサイズに切り、ラードを取り除き、皿に盛る。粗びき黒こしょうをふって完成。

おすすめのワイン
クリスチャン・ビネール／ピノ・ノワール
絶大な人気を誇るクリスチャン・ビネール。白が有名だけれども、実はこの赤がまた秀逸。軽めだけれどきれいな酸があって、たっぷりの旨みが乗っている。だからついつい進んでしまう。パテとこれとパンがあれば、他には何もいらないくらいかも。

パテ・アン・クルート
Pâté en croûte

フランスの食文化でなくてはならないのがシャルキトリ（肉加工品）だ。そして数多くある
シャルキトリの中でも、もっとも手間のかかる品の1つが、このパテ・アン・クルート。
僕もこの料理は数日がかりで仕込む。そしてうまく作れるようになるまでには、
何度も何度も失敗を繰り返してきた。それだけに完成したときのただその美しい佇まい、
そして複雑な味わいは、多くのお客様に喜んでいただいている。今、世界中の料理がどんどんと
ボーダーレスになっていく中で、こういったフランスの古典的なシャルキトリを作ることは、
僕の店のアイデンティティをぶれないようにしている気がする。それだけに
パテ・アン・クルートは、仕込むのは大変なのだけれど、作り続けていきたい料理となっている。

材料（8〜10人分）

ファルスA：
- 豚舌　1本
- 豚耳　1個
- 玉ねぎ　1個
- 人参　1本
- にんにく　3かけ
- セロリ　1本
- ローリエ　2枚
- タイム　2本
- ローズマリー　1本
- クローブ　2個
- 白ワイン　100cc
- 塩こしょう　適量

ファルスB：
- 豚肩ロース肉　200g
- 塩こしょう　適量

ファルスC：
- 鶏胸肉　1枚
- タイム　2〜3本
- フォワグラ　1/2房
- マデラ酒　適量
- 塩　適量

ファルスD：
- 豚肩ロース肉　800g
- 鶏レバー　220g
- 豚の背脂　170g
- あめ色玉ねぎ　160g
  ＊p.127参照
- ピスタチオ　50g
- にんにくのみじん切り　24g
- 白ワイン　24g
- ブランデー　12g
- コリアンダーシード
  （挽いておく）　適量
- ナツメグパウダー　適量
- タイム（葉の部分だけ使う）
  2〜3本
- 塩こしょう　適量

タルト生地：
- パート・ブリゼ　750g
  （うち底面部500g、
  フタ部250g）＊p.126参照
- 溶かしバター　適量

ジュレ：
- ファルスAの煮汁　400cc
- フォン・ド・ヴォー　100cc
- タイム　1本
- ゼラチン　10g
- 塩こしょう　適量

1. 数日前の作業。大きな鍋にファルスAの材料をすべて入れたら、材料がつかる量の水を加え沸騰させる。沸騰したら弱火にして、約2時間半〜3時間、随時アクを取りながら、豚舌と豚耳が柔らかくなるまで煮る。煮汁は旨みが溶け込んでいるので、ざるで濾して保管しておく。ファルスBの豚肩ロース肉には塩こしょうをしておき、一晩〜3日間ほど熟成させておく。そうすることで豚の味は濃くなり、また内側まで塩が浸透する。

2. 一晩前の作業。ファルスCの鶏胸肉とフォワグラに塩を浸透させ、香りを移す作業。鶏胸肉に塩をふり、タイムをのせラップをして冷蔵庫で寝かせる。フォワグラに塩をふり、マデラ酒をふりかけ冷蔵庫で寝かせる。

3. 当日の作業。ファルスDの豚肩ロース、鶏レバー、豚の背脂、あめ色玉ねぎをミンサーで粗挽く（ミンサーがない場合はフードプロセッサーでOK）。大きなボウルに残りのDの材料と共に合わせよく練る。一口分を取ってフライパンで焼いてから味を確認し調整する。

4. 1の豚舌、豚耳とファルスBの豚肩ロース肉は2cm角に切っておく。塩気を確認し、足りないようだったら塩をしてもみ込んでおく。

5. 3と4を合わせてよく混ぜる。生の挽いたファルスに2cm角のゴロゴロとした豚舌、豚耳、豚肩ロースが混ざっている状態。

6. タルト生地を用意する。パテ・アン・クルート型の内側に刷毛で溶かしバターを塗り、パート・ブリゼ500gをしき詰める。そこに5の約半分を詰める。空気が入らないように隙間なく詰める。

7. 2の鶏胸肉とフォワグラを縦に3分割し細長い形状にし、6の上に詰める。

8. 残りの半分の5をさらに詰め、最後にフタになる部分のパート・ブリゼ250gをのばしかぶせる。このフタの部分の生地にはあらかじめ直径約2cm程度の穴を2か所開けておく。焼き上がり後にこの穴からジュレを流し込むため。

9. 8の型の上部をアルミホイルでくるみ、焦げつきを防止する。220℃のオーブンに入れ30分加熱し、アルミホイルをはずし、さらに10〜15分最後に上部に焼き色をつけながら火入れする。焼き上がったら涼しい場所で完全に冷ます。

10. ジュレを作る。保管しておいた1の煮汁のうち400ccを鍋に取り、そこにタイムとフォン・ド・ヴォーを加え、塩こしょうで味をととのえる。そこにゼラチンを溶かす。

11. 10を軽く冷やし、とろみがついた状態で型の穴から流し込む。冷やしすぎるときれいに流し込めないし、まだジュレが熱い状態だと、今度はパテの隙間から流れ出てしまうので注意。まんべんなく隙間にジュレが行き渡ったら冷蔵庫で保存する。

フォワグラのフラン、栗のピュレとフランボワーズのソース
Flan de foie gras et purée de marrons, sauce aux framboises

フォワグラの濃厚なまったりとした風味に、栗のマイルドな甘さのピュレと
甘酸っぱいフランボワーズのソース。すべてを口に入れると塩っ気と甘さが混じり合い、
まるでデザートのような一面もある。これぞ「シュクレ・サレ（甘い・しょっぱい）」。
フランス料理ならではの組み合わせなのではないだろうか。作り方はいたってシンプルなので、
ぜひトライしてみてほしい。ちなみにこの料理、とろりとした舌触りを持った
濃厚な少し甘めのワインを合わせると抜群のマリアージュを見せてくれる。

材料（4人分）

フォワグラのテリーヌ：
フォワグラ　1/2房
塩　適量
シナモンパウダー　1つまみ
ナツメグパウダー　2つまみ
マデラ酒　大さじ2
クローブ　1個
八角　2個
サラダ油　適量

フォワグラのフラン：
フォワグラのテリーヌ　50g
生クリーム　100g
牛乳　100g
卵黄　2個
塩　適量

栗のピュレ：
栗のペースト　80g
生クリーム　50g

フランボワーズのソース：
クレームドフランボワーズ（フランボワーズのリキュール）　150g

おすすめのワイン
ジェローム・ソリニ／
コトー・デュ・レイヨン
フォワグラには甘めのワインがたしかに合う。このワインは甘露あめのようなつややかな甘みととろみがあり、そこにオレンジマーマレードを思わせる柑橘のニュアンスが加わり、多面的で官能的な複雑味を醸し出している。

フォワグラのテリーヌを作る

1　前日にフォワグラに塩、シナモン、ナツメグをふり、クローブ、八角とともにジッパーつき保存袋に入れ、マデラ酒をふりかけ空気を抜いて冷蔵庫にて一晩マリネする。

2　なるべくぴったりのサイズのココット鍋（ココット鍋がない場合は、耐熱容器）にフォワグラを入れ、90℃に温めたサラダ油を、フォワグラが完全にひたる量加え、フタをする（フタがない場合はラップで容器を密閉する）。

3　75℃のオーブンに入れ、約35分間加熱する。油にひたった状態のまま粗熱を取る。

4　粗熱が取れたら、ていねいにフォワグラを取り出し余分な油をペーパーで拭き取る。

フォワグラのフランを作る

5　4のフォワグラのテリーヌのうち50g分を切り出し、生クリーム、牛乳、卵黄と共にミキサーにかける。

6　裏ごしし、塩で味をととのえる。

7　直径約7〜8cm程度の容器に流し込み、湯せんにて130℃のオーブンで約45分間加熱する。

栗のピュレを作る

8　栗のペーストと生クリームを少しずつ混ぜ合わせる。一度に混ぜ合わせようとすると分離するので注意する。絞り器に入れて保管する。

フランボワーズのソースを作る

9　クレームドフランボワーズを鍋に入れ、弱火ににてとろみがつくまで煮詰め、ソースとする。

仕上げ

10　包丁を温め、フォワグラのテリーヌを切り出す。包丁を温めることで断面をきれいに切り出すことができる。バットに取り、表面をバーナーでさっと炙る。

11　フォワグラのフランの上にフランボワーズのソースを流し、栗のピュレを絞り、最後に炙ったフォワグラのテリーヌをのせて完成。

モンドールのフォンデュ、インカのめざめ
Fondue de Vacherin Mont d'Or et
pommes de terre «Inca no Mézamé»

秋から初春にかけて、フランスのマーケットに並ぶ「モンドール」というチーズがある。
エピセアという木の枠で包んで発酵させたこのチーズは、ほんのりとした木の香りと
じゃがいものような風味、とろりとした舌触りに濃厚な味わいが魅力で、フランスのジュラ地方で
作られている。ジュラのワイン生産者、フィリップ・ボールナール氏を訪問した際に、
このモンドールを使った料理を教えてもらった。ジュラではポピュラーなモンドールの食べ方だそう。
北海道産のじゃがいも「インカのめざめ」はモンドールに負けない濃い味わいが特徴。
これをローストしてモンドールと合わせてみた。モンドールに加えるワインは、
できればジュラの白ワイン、サヴァニャンを。強い酒質と酸化した独特の香りが
モンドールと合わさることで、特別な一品となる。

材料（3〜4人分）
モンドールチーズ　1個
白ワイン（できればジュラ産の
　　サヴァニャン）　50cc
すりおろしにんにく　小さじ1
インカのめざめ　4〜10個
塩　適量

1　モンドールの上部の表皮をナイフを使ってはがす（皮の部分もパンにのせて焼くなどして食することができる）。エピセアの枠はオーブンに入れたとき焦げないように、アルミホイルでくるんでおく。
2　インカのめざめはよく洗い、アルミホイルで包む。
3　モンドールに白ワインとすりおろしにんにくを加え、200℃のオーブンに入れ、約30分間、モンドールが完全に溶けるまで加熱する。同時に2のインカのめざめもオーブンに入れ加熱する。
4　チーズが溶け、じゃがいもにも完全に火が通ったのを確認したらじゃがいもの皮をむき、軽めに塩をふり、モンドールをかけて食する。

おすすめのワイン
メゾン・ピエール・オヴェルノワ／サヴァニャン
自然派ワイン生産者の間で「神」と呼ばれ、ジュラの地で多大な影響を与えているピエール・オヴェルノワと彼の愛弟子、エマニュエル・ウイヨンが作るワイン。ぜひセラーで寝かせてこのワインが熟成するのを待って欲しい。真に偉大なワインだ。

カフェに憧れた日々──妄想が形になるまで──

僕はカフェというものに長い間、憧れ続けていた。さかのぼれば、それは高校生のころに始まる。高校生の僕は、少々背伸びをして、渋い雰囲気の珈琲専門店やジャズ喫茶に通い、緊張しながらチビチビと珈琲をすすり、カウンターの中のマスターを憧憬を含んだ眼差しでじっと観察していたものだった。当時はインターネットも一般の家庭にはあまり普及しておらず、当然「食べログ」や、またカフェのガイド本もなかった。だから僕は自分の足を使っては街を歩き、渋い雰囲気の店を探し回った。当時の僕にはお金はなかったけれど、時間は腐るほどあったのだ。

高校卒業後、10年間暮らしたロサンゼルスでは、今度はドライブという形でさまざまなカフェを見つけては、その空間に身を置き、「自分もいつかこんなお店をやってみたい」という空想にふけっていた。
人種のるつぼロサンゼルスではカフェだけにとどまらず、さまざまな国の料理も体験した。好奇心旺盛な僕は、アメリカ人が食べに行くようなメキシコ料理店ではなく、メキシコ人ばかりが集まるメキシコ料理店や、同じようにベトナム人が集まるベトナム料理店、モロッコ人が集まるモロッコ料理店など、一度入店してしまうと、英語すらろくに通用しないような異国情緒あふれるお店を見つけることに喜びを感じていたのだった。
それらのレストランでは、本国さながらの食のスタイルを堪能することができた。
若い時期に、言うなれば「食の世界旅行」的なことを体験できたことは、その後の僕の料理人生に大きな影響を与えている。

この「散策と店の発見」は、その後、僕が「ウグイス」を立ち上げるまで17年間ずっと続くことになる。時間を見つけては、自分の足で、車で、電車で、何軒も何軒も、いろいろなカフェに足を運んだ。
この一見しょうもない暇人的行為も、「ウグイス」というお店を作り上げるのには、必要な時間だったような気がしている。ネットやガイド本が今のように発達していなかったからこそ、知らない街をあてもなくウロウロすることができたし、たくさんの時間を費やしたからこそ、いろいろな想像（いや妄想と呼んだほうがしっくりくるな）がその間にできた。
それは「本当に格好いいお店って、案外人通りの少ない所に隠れるようにしてあるんだな」だったかもしれないし、「ソファの横にあるサイドテーブルってなんか好きだな」だったかもしれない。はたまた、「調度品を全部きっちり同じブランドでそろえてる店って、あんまり僕の好みじゃないな」ということだってある。
とにかくウロウロしながら、さまざまなことを妄想することができた。自分が店を出したら、開店初日にかける1曲目のBGMなんてのまで妄想していたから。

カフェ巡りをしていた17年の間に、何度か父親に「お店を開きたいから、資金を援助してほしい」と相談を持ちかけたことがあった。そのたびに、父親から言われた言葉がある。それは「お前の考えは計画とは呼べない。それはただの夢だ」だった。しっかりとした計画であれば喜んで協力するが、ただの夢にお金を援助することはできない。これが父の言わんとすることだった。
今振り返れば、当時の僕は父の言うように、ただ漠然とお店をやりたいと考えていた感がある。
もしあのとき父親が、ポンと僕にお金を渡して「これでお前の夢をかなえてみなさい」とでも言っていたら、どうなっていただろうか？　実際より何年も前に、自分の店を持つことができていたかもしれないが、おそらく2年ともたずに僕はそのお店をつぶしてしまっていたと思う。なぜなら当時の僕は、やる気だけはあったかもしれないが、実際の飲食業の現場での経験と、その経験により生まれる引き出しが、今の僕より圧倒的に少なかったから。　実際に店を1軒立ち上げるためには、父が言うように、「夢」ではなく、本気で明確な「計画」を立てる必要があったのだ。

僕の「計画」の上でネックになっていたのは、やはり資金がたったの300万円しかないということ。予算300万円という数字が、一般的に考えれば圧倒的に資金不足だというのは、さすがに文系ひらめきタイプの僕でも気づいていた。
そこで僕は「契約金100万円以内の居抜き物件を探す」という枠を定めた。「居抜き物件」というのは、前の方が営業されていた際に使用していた設備や内装を片づけずに、次に借りる人が引き継ぐもしくは処分するという形の契約。　厨房をゼロから作り、新たにダクトをつけたり、排水溝をつけたり、ガス管を引いたりしていたら、それだけであっという間に300万円を使い果たしてしまう。ならば「居抜き物件」を探して、物件に残っている設備をそのまま使うしか方法はないと思ったのだ。
もちろん居抜き物件に残された設備は、自分の思い通りの設備ではない場合がほとんどかもしれない。でも自分の使える資金が300万円しかないのであれば、贅沢は言っていられない。100万円以内で居抜き物件を見つけ、それをいじってなんとか自分の理想形に近づける。そのアプローチでいこうと決めたのだ。　そうして僕の不動産屋巡りが始まった。

自分で定めた値段設定があまりにも低かったために、物件探しは難航した。ほとんどの不動産屋さんでは「その条件で出てくる物件はまずないね」とまるで相手にしてもらえなかった。でも、数打ちゃ当たる、ではないけれど、数十軒の不動産屋を回るうちに、いくつかの物件が引っかかってきた。
そのうちの1つが、三軒茶屋の裏通りにある元スナック物件だった。
この三軒茶屋の元スナック物件は、とにかくひどい荒れようで、ここに一晩泊まったら病気になるのでは？　と真剣に思うような有様だった。
壁にははがれ落ちた壁紙や打ちつけられた板、ポスター等が何層にも重なっていた。厨房はここで書き記すのをためらうほどに、それはそれはもう大変なことになっていた。
でも、なぜだかわからないが、この元スナック物件には何か惹かれる魅力があった。
荒れ放題の物件だったけれど、いろいろと直せば何かいい雰囲気が出せるような気がしたのだ。

壁にはとても古いスピーカーが埋め込まれてあって、それがすごく気に入ったのを今でもよく覚えている。この物件はかなり手を入れなければならないけれど、このスピーカーだけはこのまま残そう。
僕は自分がそこでカフェをやっている図を想像した。
カウンターの中に立って料理を作っている姿をイメージした。
ネルドリッパーをカウンターに置き、コーヒーを淹れているところを思い浮かべた。
テーブルをこことここに置こう。ソファはあの窓際がいい。ソファの横にはサイドテーブルを置こう。
僕が長い間想像し続けてきたカフェスタイルのいくつもの断片が、次々とその空間に当てはめられていった。
最後に、壁に埋め込まれてあった古いスピーカーから音楽が流れ出てくるような気がした。
そうして、僕はこの物件に決めることにした。それが今の「ウグイス」の原形である。

メインディッシュ
Plat Principal

メインディッシュには存在感が欲しい。この一皿だけ食べても満足できるような。食べた充実感があって、でも食べ飽きない。そして食後はもたれない。だからつけ合わせも重要。ここでも野菜や穀類が大切な役割をになってくれている。

真鯛のポワレ、キャビア・ド・オーベルジーヌ添え アンティボワーズ・ソース
Daurade poêlée, sauce antiboise avec cavier d'Aubergine

南仏はプロヴァンスにある、アンティーブという街の名前がついたソース。その辺り一帯で採れるフレッシュトマトやハーブを使ったさっぱりとした味わいのソースを、上品な真鯛に合わせてみた。一般的なアンティボワーズ・ソースと違うところは、レモンコンフィを加えている点。レモンコンフィがソースをよりフレッシュで爽やかなものにしている。つけ合わせもプロヴァンスらしくキャビア・ド・オーベルジーヌを添えて。

材料（2人分）
真鯛の切り身　1切れ
オリーブオイル　適量
キャビア・ド・オーベルジーヌ　適量
　＊p.33参照
アンティボワーズ・ソース　適量（右欄参照）
クレソン　2本
大根（スライス）　少々
しょうがドレッシング　適量
　＊p.126参照

1　真鯛の切り身に塩をふり、オリーブオイルを引いたフライパンで皮面から焼く。身全体の8割程度に火が入ったら裏返し、残りの2割にさっと火を通す。
2　大根を薄くスライスして小さなセルクルで丸く抜いておく。
3　皿に真鯛を置き、温めたキャビア・ド・オーベルジーヌを添える。真鯛にアンティボワーズ・ソースをかけ、しょうがドレッシングであえたクレソンと大根を飾る。

アンティボワーズ・ソース

材料
エシャロット　1/4個
にんにく　1/2かけ
トマト（中サイズ）　1個
イタリアンパセリ（なければ普通のパセリ）
　3本
オリーブ　3粒
レモンコンフィ（みじん切り）（市販のものでも可）　小さじ1/3　＊p.127参照
ディル　適量
アンチョビフィレ　1枚
レモン汁　1/2個分
EVオリーブオイル　大さじ1と1/2
塩こしょう　適量

1　エシャロットとにんにくはみじん切りにしEVオリーブオイルを引いたフライパンで弱火にてさっと火を通す。（辛みを消し、丸みを出すため）ソースにキレを出したい方は、生のままのエシャロットを加えるといいかと思う。生のエシャロットを加える場合には、にんにくは加えなくてよい。
2　トマトは種を取り5mm角に切る、パセリ、オリーブ、レモンコンフィ、ディルはみじん切りにする。アンチョビフィレはたたいてペースト状にする。
3　ボウルに1と2、そこにレモン汁をしぼり入れ、EVオリーブオイルを加え、塩こしょうで味をととのえる。

鮭のパイヤッソン、白ワインとハーブのソース
Paillasson au saumon, sauce aux fines herbes

秋から冬にかけては、おいしい鮭がとても安価で店先に並ぶ。
もちろん、塩焼きもおいしいのだけれど、ちょっと一手間かけておしゃれな
一品に仕上げてみよう。千切りにしたじゃがいもを麦わら（パイユ）に見立てた一品。
ここで紹介する白ワインとハーブのソース（ソース・フィーヌ・ゼルブ）は、
魚の他に鶏肉等にも合わせることができる。

材料（2人分）
鮭の切り身　1切れ
じゃがいも　大2個
サラダ油　適量
アスパラガス　2本
塩こしょう　少々

白ワインとハーブのソース　大さじ1
　＊p.125参照

1 じゃがいもをスライサーで薄切りにした後、包丁を使ってごく細い千切りにする。じゃがいもをボウルに取り、塩をふって10分間おく。
2 1のじゃがいもからは水分が出てくるので、手でぎゅっとしぼっておく。
3 鮭の切り身の皮をはぎ、塩こしょうで下味をつける。
4 ラップを広げ、2のしぼったじゃがいもの千切りをしく。その上に鮭の切り身を置き、ラップで包む。じゃがいもの千切りが完全に鮭の切り身を覆うようにする。ラップできっちりと包み、冷蔵庫で約10分おき、安定させる。
5 フライパンにサラダ油を引き、4のラップを形が崩れないようにそっとはがして焼く。焼いている間はじゃがいもが非常にはがれやすいので、じゃがいもが焼き固まるまでなるべく動かさない。4面を順番に焼くイメージで焼き固める。焼いてから5分ほどおいてカットすると崩れにくい。
6 白ワインとハーブのソースを皿に流し、5をカットして置く。ゆでたアスパラガスを飾ってできあがり。

プティサレのパン粉焼き、レンズ豆の煮込み添え
Petit salé pané et grillé aux lentilles

「プティサレ」とは、塩漬けにした豚のバラ肉のこと。
そしてプティサレといえば、レンズ豆の煮込みを添えるのが定番中の定番だ。
僕は皮つきの豚バラ肉を使っている。もし皮つきの豚バラ肉が
手に入るようだったら、ぜひ試していただきたい料理だ。
豚バラ肉の一番のおいしさは、皮が持つゼラチン質だと僕は思う。
お店などで継続的に作られるのだったら、煮込んだ煮汁は取っておいて、
つぎ足しつぎ足し使っていくと旨みが増していく。

材料（3〜4人分）
豚バラ肉（できれば皮つき） 1kg
塩　適量
水　適量
香味野菜
　├玉ねぎ　1個
　├人参　1本
　├にんにく　4かけ
　└セロリ　1本
お好みのハーブ
　├ローリエ　1枚
　├タイム　1本
　└ローズマリー　1本

玉ねぎ　1/6個
人参　1/6本
セロリ　1/8本
ベーコン　30g
サラダ油　適量
レンズ豆　300g
塩こしょう　少々

ディジョンマスタード
　　プティサレ1切れにつき小さじ1
パン粉　小さじ1
パセリ　少々

プティサレを作る

1　豚バラ肉にしっかりと塩をふり、手でよくすり込み、冷蔵庫で、ラップをせず、4〜6日間保存し、熟成させる。

2　大きな鍋に水と塩を入れ、そこに1と香味野菜とハーブを入れ、随時アクを取りながら、湯が沸いてから3時間半煮込む。水は鍋に入れた肉がひたる程度。塩は水の量に対して2.8%が目安。

3　煮汁が冷えたら肉を取り出し、2cmの厚さに切る（2の煮汁は大変おいしいスープになっているので、取っておく）。

レンズ豆の煮込みを作る

4　玉ねぎ、人参、セロリ、ベーコンは、それぞれ粗みじん切りにする。

5　鍋にサラダ油を引き、そこに4を加える。弱火で玉ねぎが透き通るまで炒める。そこにレンズ豆と3のスープのうち900ccを加え、塩こしょうで味をととのえ、40分間煮込む。

仕上げ

6　3の豚肉にディジョンマスタードを塗り、パン粉をふり、220℃のオーブンで約10分、パン粉がこんがりときつね色になるまで焼く。5のレンズ豆の煮込みの上にのせ、刻んだパセリをふってできあがり。

オルガン風　炊き込みご飯
Riz cuit à la façon d'«Organ»

何人かが集まった食事会では、魚料理を作った際に出たあらを使って、
炊き込みご飯を出すことがある。
残り物で作った料理なのに、じつはこれが一番よろこばれたりするほどおいしい。
簡単にできるので、「ウグイス」と「オルガン」の定番まかない料理でもある。
うちのお店では香菜を散らしてちょっと無国籍風にしているが、
香菜が苦手な方は三つ葉などを散らしてもおいしい。
店ではフレンチ色を出すためにフュメ・ド・ポワソン（魚のだし）を使っているが、
この手間を省きたければ、市販のだしやチキンブイヨン、
もしくは水でもおいしくできる。

材料（3〜4人分）
米　2合
黒糖　4g
酢　4g
みりん　8g
バター　8g
塩　6.5g
しょうが（千切り）　6g
昆布　1枚
フュメ・ド・ポワソン（チキンブイヨン、もしくは水でも代用可）
　350cc ＊p.124参照
魚（真鯛等）のあら　1尾分
塩　少々
香菜　適量

1　米はあらかじめ水で研ぎ、水気を切っておく。あらは軽
　　く塩をふり、直火で炙り焼きにしておく。
2　鍋に1と黒糖、酢、みりん、バター、塩、しょうが、昆
　　布、フュメ・ド・ポワソンを加える。
3　魚のあらを上からのせ、中火にかける。沸騰したら、フ
　　タをして弱火で15分。時折鍋の向きを変えながら炊くと、
　　ムラなく炊けて仕上がりがきれいになる。
4　米が炊けたら完成。お好みで香菜を添える。

鶏胸肉の蒸し焼き、かぶのきのこ詰めを添えて
Poulet braisé et navet farci aux champignons

お店では、鶏は丸1羽でさばき、その骨からフォン・ブラン（だし）を取り、そのブイヨンの旨みを鶏に戻してあげるイメージで料理している。
同じように、くり抜いたかぶの中身も、ソースとして料理に戻してあげる。
そうすることで、素材を丸ごと味わえる。きのこや鶏を焼いた後のココット鍋にも旨みが残っている。鍋はあえて洗わずに、その旨みを少しも逃さないようにする。

材料（1〜2人分）
鶏胸肉　1枚
オリーブオイル　少量
塩こしょう　適量

かぶの詰め物：
お好みのきのこ類（マッシュルーム、
　しめじ、しいたけ、まいたけ、
　エリンギ等）（粗みじん切り）　100g
ベーコン（粗みじん切り）　15g
玉ねぎ（みじん切り）　1/8個
にんにく　1/2かけ
オリーブオイル　適量
塩こしょう　適量

かぶ　2個
フォン・ブラン　100cc　＊p.124参照
生クリーム　小さじ1
ローリエ　適量
塩こしょう　適量

1　かぶのケースを作る。かぶの上辺を落とし、ナイフで格子状の切り込みを入れ、スプーンで内側をくり抜き、かぶのケースとする。かぶのケースには軽く塩こしょうをふっておく。くり抜いたかぶの中身は取っておく。
2　ココット鍋にオリーブオイルを引き、にんにくと玉ねぎとベーコンを炒める。玉ねぎが透き通ってきたら、きのこを加え、塩こしょうで味をととのえ、フタをして弱火で約3分間加熱する。
3　ココット鍋の中身をへらでていねいに取り出し、かぶのケースに詰める。
4　鶏胸肉に塩こしょうをし、3のココット鍋に少量のオリーブオイルを引き、鶏胸肉の両面に焼き色をつける。
5　3のかぶのきのこ詰めを鶏胸肉の横に置き、フォン・ブランとくり抜いたかぶの中身、ローリエを加え、フタをして、ごく弱火で5〜8分加熱する。鶏胸肉は火を入れすぎるとパサつくので、細心の注意を払ってしっとりと仕上げたい。
6　かぶのきのこ詰めと鶏を取り出し、鍋に残ったスープとかぶの中身を一緒にミキサーにかけ、生クリームを加え、塩こしょうで味をととのえソースとする。ローリエを飾ってできあがり。

おすすめのワイン
ドメーヌ・デ・ミロワール / ベルソー
シュレールの右腕であった鏡健二郎さんがジュラの地で作るワイン。生産量がまだ多くないが機会があればぜひ飲んでみてほしい。彼のワイン作りに対する真摯な姿勢、そして自然なワイン作りを貫く覚悟を感じてほしい。

五穀米とオリーブを詰めた、鶏のロースト
Poulet rôti farci aux multicéréales et aux olives

「ウグイス」は一人でご来店される方が多い。
中には毎日のように通ってくださるお客様も何人かいらっしゃった。
そんなお客様たちのために、一皿でしっかりと食べごたえがあって、
肉だけでなく野菜も炭水化物もとれる料理を作りたいと考えていた。
毎日のように来ていただいているのだから、財布にもやさしくなくてはいけない。
そうしてできたのがこの料理だった。今思えば、「大人版学食」を作っているような
ものだったのだろうか。最近はこの料理を作る機会はめっきり減ったけれども、
今でも「あの鶏にご飯が詰まってる奴ある?」と聞かれることがしばしばある料理だ。

材料(3〜4人分)
鶏もも肉　2枚
五穀米　1.5合
オリーブ　50g
アンチョビフィレ　2枚
マスタード　小さじ1
塩こしょう　適量

つけ合わせ:
ブロッコリー、ズッキーニ、パプリカ、
　オクラ、スナップエンドウなど、
　お好みの野菜　適量

1　五穀米を炊く。後で鶏に詰めて焼き上げるので、この時点では少し固めに炊き上げるのがコツ。

2　炊いた五穀米、粗みじん切りにしたオリーブ、包丁でつぶしてペースト状にしたアンチョビをボウルに入れ、よく混ぜ合わせて少量の塩こしょうで味をととのえる。

3　鶏もも肉に塩こしょうで下味をつける。鶏もも肉の皮の1辺をはがして油揚げのような袋状にする。皮と身の間にできたスペースに2の五穀米を詰めていく(この時点できっちりとラップを巻いて冷凍保存することができる)。

4　耐熱皿もしくは鉄鍋に1cm程度水を張り、そこに3の鶏もも肉を皮面を上にして置き、一口大に切ったお好みの野菜を並べて、200℃に熱したオーブンで約20分間加熱する。途中で水が乾いてしまうようなら、少量の水を足して鍋底が焦げつかないようにする。

5　鶏肉と野菜を取り出す。鍋に残った水には鶏肉の旨みが溶け出しているので、小さじ1杯程度のマスタードを加え、さっと一煮立ちさせてソースとする。

6　皿に鶏肉と野菜を並べ、ソースを静かに流して完成。

鶏とレモンコンフィ、黒オリーブのタジーヌ
Tajine de poulet aux citrons confits et aux olives noires

数年前モロッコに行き、その食文化の奥深さにノックアウトされた。
素材の力強さとスパイス使いの巧みさ。とくに、スパイスと共に蒸し焼きにした
「タジン鍋料理」が抜群においしかったので、ずいぶんと重かったのだけれども
現地でタジン鍋を購入して持って帰ってきた。日本に輸入されているタジン鍋は
上薬が塗ってあるものばかりなのだけれど、現地では植木鉢のような素焼きの
タジンが使われている。これで水を沸かすだけでモロッコの香りがするから不思議だ。
日本で出回っている鍋だと、少し仕上がりに差が出るかもしれない。
それでも、レモンコンフィとスパイスと共に蒸し煮にした鶏肉は、フタを開けた瞬間に
その香りで皆の顔がほころぶこと請け合い。ぜひクスクスも一緒にどうぞ。

材料（3〜4人分）
鶏もも肉　1枚
塩こしょう　適量
オリーブオイル　適量
あめ色玉ねぎ　30g ＊p.127参照
しょうがパウダー　1つまみ
コリアンダーシード　1つまみ
クミンシード　1つまみ
EVオリーブオイル　適量

ズッキーニ　1/6本
黄パプリカ　1/6個
ブロッコリー　1/8本
黒オリーブ　8粒
レモンコンフィ　1/8個 ＊p.127参照
フォン・ブラン　70cc ＊p.124参照

1　鶏もも肉に塩こしょうをし、オリーブオイルを引いたフライパンで皮面をぱりっと焼き上げる。

2　コリアンダーシードとクミンシードを、ミルまたはミキサーにかけ粉末状にする。タジン鍋にEVオリーブオイルを引き、あめ色玉ねぎをのせ、その上に1の鶏肉をのせる。鶏肉の上からしょうがパウダーと2のコリアンダーパウダー、クミンパウダーをふりかける。

3　レモンコンフィを3枚のくし切りにし、鶏肉の上にのせる。ズッキーニは輪切りに、黄パプリカとブロッコリーは一口大に切り、黒オリーブも一緒に鶏肉の上にのせる。上からフォン・ブランをまわしかける。

4　フタをして20分間弱火で火を通す。途中、一度だけフタを開け、出てきた水分をスプーンですくい、野菜の上からまわしかけるようにして、再度加熱してできあがり。

おすすめのワイン
ヨヨ / ラ・トランシェ
しなやかでみずみずしい果実味がある。真ん中にはしっかりとした骨格を感じられ、タンニン分はきめ細かくなめらか。燦々と輝く大地とそこに自生するタイムやローズマリー等を連想させてくれる明るいワイン。

牛もも肉のロースト
Rôti de bœuf

この料理にレシピと呼べるようなレシピはない。
ただ、脂身の少ない赤身の牛肉を上手にしっとりとロゼ色に焼き上げたときの
おいしさといったら、それはそれは格別なもの。霜降りの牛肉とは違って、
赤身の肉はあっさりとしていて、それでいて噛むとジュワッと肉汁と共に
旨みが口の中に広がる。でも焼きすぎてしまうと赤身の肉はすぐにパサついてしまう。
この料理は焼き加減を見極めて、肉汁を閉じ込めることが秘訣。

材料(2人分)
牛赤身肉(もも肉等)　300g
サラダ油　適量
にんにく(スライスしておく)　1かけ
バター(溶かしておく)　大さじ1
塩　適量
粗挽き黒こしょう　適量

きのこのソテー(お好みで)　適量
　＊p.41参照

1　牛肉の筋や薄い皮は取り除いておく。ドリップ(肉汁)が流れ出るのを防ぐために、肉には塩はせずにおく。

2　ココット鍋にサラダ油を引き、牛肉を入れる。弱火にて静かに火を入れる。肉は動かさず、表面に軽く色がついたらひっくり返す。同じ動作を繰り返し、6面を焼く(この作業は肉の表面を軽く焼くことで、ドリップを最小限に抑えることが目的。実際の肉への火入れはオーブンにて行うイメージ)。

3　2で鍋に残った油はすでに酸化しているので捨てる。ココット鍋ににんにくの半量を並べ、その上に2の肉をのせる。肉の上面にも残りのにんにくを並べ、バターをまわしかける。フタをして120℃の低温のオーブンにて約15〜30分間、ゆっくりと火を入れていく。

4　ときどき肉を指で触り、ほどよい弾力と張りが出るまで確かめながら火入れの状態を見極める。オーブンから出した直後は、まだ肉の中で肉汁が動いている状態。そのタイミングで肉をカットをすると、旨みである肉汁が切り口から流れ出てしまうので、温かい場所で5〜10分ほど肉汁が安定するまで休ませる。

5　最後にフライパンにサラダ油を引き、強火にて肉の表面に香ばしい焼き色をつけると同時に、肉の温度を上げる。熱いうちにカットをし、切り口に塩と粗挽きの黒こしょうをふる。写真のように均一にロゼ色に仕上がっているのが理想。お好みで、つけ合わせにきのこのソテーなどを添える。

仔羊とプルーン、アーモンドの煮込み
Ragoût d'agneau aux pruneaux et aux amandes

仔羊とプルーンとアーモンド。この組み合わせも旅先のモロッコで出会ったもの。僕にとっては新しい発見だった。ここではその組み合わせを、フランス煮込み料理の手法で仕上げてみた。モロッコで食べるクスクスより少し濃厚で、少し重ための仕上がりになっている。プルーンの代わりにナツメを加えてもすばらしいものになる。つけ合わせも煮込みの濃度に合わせて、ここではじゃがいものピュレを添えてあるが、もちろんクスクスでもおいしくいただける。

材料（作りやすい量）
- 仔羊腕肩肉 1.3kg
- 玉ねぎ 1/2個
- 人参 1/2本
- セロリ 1/2本
- にんにく 4かけ
- タイム 1本
- ローズマリー 1本
- 白ワイン 200cc
- 赤ワイン 80cc
- 薄力粉 40g
- オリーブオイル 適量
- 水 500cc
- トマトペースト 20g
- フォン・ド・ヴォー 100g
- コリアンダー（砕き） 適量
- クミンシード 適量
- ナツメグパウダー 適量
- アーモンド 10粒
- プルーン 10粒
- 塩こしょう 適量

1. 肉を適度な大きさに切り、塩をふる。玉ねぎ、人参、セロリ、にんにくは薄切りにする。バットに並べてタイム、ローズマリー、白・赤ワインで一晩マリネする。
2. 肉とマリネした野菜とワインをそれぞれ別にし、オリーブオイルを引いたフライパンで肉を焼く。焼き色がついたら、ココット鍋に移す。その際に出た油は捨て、新たにオリーブオイルを加え、今度は野菜を香りが出るまで焼く。焼き終わった野菜も肉を入れたココット鍋に移す。
3. ココット鍋に薄力粉を入れて、弱火で火を通す。具材となじんだら2のワインを入れて強火にしアルコールを飛ばす。少し煮詰まったら水、トマトペースト、フォン・ド・ヴォー、スパイス類を入れて、アクをとりながら弱火で約2時間煮込む。
4. 肉が柔らかくなっていたら、肉を取り出す。残った煮汁をざるで濾し、ゴムべらで野菜をつぶすように裏ごす。その煮汁をココット鍋に再び戻す。
5. アーモンドを数回流水で洗い、塩気を落とし、4に加える。4で取り出した肉も戻す。
6. 弱火にて煮込んだら、塩こしょうで味をととのえ、プルーンを加える。さらに10分間煮んでできあがり。

おすすめのワイン
レスカルポレット／レスカルポレット・ルージュ
彗星のように現れたイヴォ・フェレイラが自由な発想のもとに作るワイン。従来の南仏の赤より軽やかでそして明るい。ふわっと立ち上る白檀のような植物系の香水を思わせる香り。この、スパイスをふんだんに使った暑い地方の煮込みが合うと思う。

タプナードを詰めた仔羊のロースト
Rôti d'agneau farci à la tapenade

焼いて食べるなら肩ロース肉がいい。肩ロースという部位は味が濃い。
ほどよい脂も含んでいて、噛めば噛むほど旨みがじんわりと
出てくる部位だ。仔羊の肩ロースを開いて、仔羊と相性のよい
トマトと黒オリーブを巻き込んでローストした。

材料（3〜4人分）
仔羊肩肉　350g
塩　適量
黒こしょう　適量

タプナード：
黒オリーブ（種なし）　60g（約15粒）
アンチョビフィレ　4枚
にんにく　1/2かけ

ドライトマト　6個
たこ糸　適量
にんにく　1かけ
オリーブオイル　適量
ローズマリー　1本
タイム　1本
塩　少々

グラタン・ドフィノワ　適量　＊p.38参照
アリッサ（モロッコ原産のスパイスを調合したペースト）　適量

1　仔羊肩肉の余分な筋などは取り、包丁を入れ開き、肉たたきで平らにならし、塩こしょうをしておく。
2　黒オリーブ、アンチョビフィレ、にんにくをペースト状になるまで包丁でみじん切りにしてタプナードを作る。
3　開いた仔羊肩肉に、2のタプナード、ドライトマトを縦1列に並べ、巻き、たこ糸でしっかりと固定する。
4　ココット鍋にオリーブオイルを引き、にんにくを加え香りが出たら3の仔羊肉を入れ、表面にきつね色の焼き色をつける。
5　ココット鍋の余分な油は酸化しているので捨て、新たにオリーブオイルをひく。ローズマリーとタイムを入れ、フタをして120℃のオーブンで約20〜30分、肉に弾力が出るまで焼く。
6　焼き上がった肉は5〜10分ほど休ませた後、たこ糸を外し、スライスする。切り口に軽く塩をふる。お好みでグラタン・ドフィノワとアリッサを添える。

パリのレストラン「spring」での1週間

「Makoto！ Get me some jambon cru, please！」
（マコト、悪いけど生ハムを持ってきてくれ！）
肉料理担当のアンドレアスは、鴨を焼いているフライパンから手を離さず、僕に背中を向けたままの姿勢で声を張り上げた。その声色から彼があせっているのが即座に伝わってきた。

店の夏休みを利用して、僕はパリ1区、ちょうどルーヴル美術館の目の前にあるレストラン「spring（スプリング）」に1週間の研修に入っていた。
「スプリング」はダニエル・ローズというアメリカ人シェフが切り盛りする超人気店で、店はかれこれ10年近く毎晩予約でコンプレ（満席）の状態が続いている。
毎晩コンプレだから、僕らは毎晩、ほぼ同じ80人分の料理を用意する必要があった。

厨房は客席から完全に丸見えのオープンキッチンで、厨房というよりむしろステージに近い。お客様はコックたちのきびきびとした仕事ぶりを眺めながら食事をするというのが、「スプリング」の楽しみ方の1つだ。
お客様に常に見られているため、営業中の仕事はスムーズに、そして整然と行われなくてはならない。僕らは営業が始まる前までに、すべての準備を完璧に終わらせておく必要があった。

厨房にはフランス人の他に、イギリス人やアメリカ人や南米人がいて、他に皿洗いのアフリカ人もいた。僕はそこで唯一のアジア人だった。
厨房の中ではフランス語7割、英語3割程度の割合で会話が交わされ、ときおり悪態という形で、何語かすらよくわからない言葉が小さく漏れてくることもあった。
僕は英語と片言のフランス語を駆使して、なんとか仕事の内容だけは聞き間違えないようにと必死に耳をそばだて、英語を話すスタッフに内容の確認をするという日々が続いていた。そして、その夜は1週間の研修最後の夜だった。

ほとんどのテーブルはすでにメインディッシュまで出し終えていて、残すところはデザートというところまできていたが、相変わらず店内は満席の状態で、まだまだ気を抜くのには早い状態だった。

アンドレアスが僕に頼んだ生ハムは、「鴨とセップ茸のキャセロール焼き」の味のアクセントに使っているものだった。
ディナータイムが始まる直前に、念のために少し多めの90枚ほどを、僕が大きな専用スライサーで切り出して、1枚ずつシートをはさんで重ねておいたはずだった。

足りなくなるなんてはずないのに。そう思いながら、
「Maintenant ?」（今？）　僕がそう聞くと、
「Yeah, tout de suite !」（今すぐ！）　という答えが返ってきた。
「Combien ?」（いくつ？）
「Dix tranches !」（10枚！）
レストランはいつ何が起きてもおかしくない場所だ。10枚急に必要になったと言われれば、用意するしかないのだ。
「D'accord !」（了解！）　そう答えると、僕は急いで地下室に駆け下りていった。

フランスのレストランの厨房は2階建てになっていて、地下に巨大なウォークイン冷蔵庫と冷凍庫に貯蔵室。そして、仕込みを行うサブキッチンやお菓子用の調理場があることが多い。「スプリング」の厨房も同じようなタイプで、1階のメインキッチンの他に、地下にもう1つ仕込み部屋があった。
生ハム用のスライサーもその仕込み部屋に置いてあるのだけれど、これが厄介なことに、スライサーは出番が少ないだけに、毎回使い終わったら掃除をして部屋の一番隅に場所を移動してあって、すぐには使えない状態にあるのだ。この機械がとにかくやたらと重くて、腰が悪い僕には、正直こいつを持ち上げる自信がなくて、その日生ハムをスライスしたときにも、力のありそうなアンディを呼んで、機械を動かすのを手伝ってもらっていたのだ。
研修最終日に腰を悪くしたら、シャレにならないな。
悪い予感が猛烈にしていたのだけれど、悠長なことは言っていられない。

地下室に駆け込むと、火事場のクソ力が出るのを信じてぐっと腰を落とし、抱え込むようにその大きな機械に両手を回すと、「ふうっ」と大きく息を吐きながら持ち上げた。
かなり重かったけれど、幸運なことに腰は大丈夫だった。僕はスライサーを使えるようにセットして、安堵する暇もなく、すぐにスライスにとりかかる。

すると、階段の上のほうから声が聞こえてきた。
「Vite ! Vite ! Makoto !」（急げ、急げ！　マコト！）
シェフのダニエルの声だった。シェフがわざわざ呼びに来るとは何事だろう。猛烈にあせったのを、今でもしっかりと覚えている。
「Oui, chef !」　大声で返事をしてから、これ以上ないスピードでスライスをすませ、階段を駆け上る。
階段の上ではシェフ、ダニエル・ローズが僕を待ち構えていた。
「Thank you.」　ダニエルは生ハムを受け取ると、こっちに来いと僕をデシャップ・カウンターに手招きした。

するとそこには、皿に美しく盛られた前菜にメインディッシュとナイフ、フォークそしてワイング

ラスが並べられていた。
「1週間働きずくめだったから、まだ、食べたことないだろう？　一緒に働いてくれてありがとう、どうぞ食べてくれ」
ダニエルはそう言って、グラスにワインを注いでくれた。
感動して正直、その場で泣き出しそうになったのをぐっと我慢して、
「いや、まだ仕事中だから食べられないです。みんなもまだ働いているのだし。仕事が終わったらいただきます」
と僕は答えた。するとダニエルは、「これを食べるのが君の仕事だよ」と言い、僕に料理を食べるよう促した。
「わかりました、シェフ。ありがとうございます。ではチームの仲間とシェアしたいです」
と厨房の中を見回すと、肉担当のアンドレアス、魚担当のアンディ、デザート担当のアンリまでもが、「それはお前のために作ったから、どうぞ食べてくれ」と言ってくれた。
ハードだった1週間が、このとき、すべて報われた気がした。いや、それ以上にあり余るうれしさだった。

「1週間というわずかな期間しかいないのに、他の人より働かなかったら、東京のレストランが馬鹿にされてしまうな」と思い、とにかく頑張ってみた1週間だった。
「日本人はよく働く」と話す日本人は多いけれど、僕はそうは思わない。働く奴はフランス人だろうが、アメリカ人だろうが必ずたくさんいる。
「スプリング」にも働かないスタッフは何人もいたけれど、重要なポジションを任されているスタッフはみなメチャクチャ働いていた。彼らの動きを観察していたのだけれど、本当によく働くのでびっくりしたものだった。まかないを座って食べたことは、1週間のうち一度もなかった。なぜなら僕がつるんでいた連中もまかないを食べる時間を惜しんで働いていたからだ。いつも仕込みをしながら、立ったまままかないを数口つまみ食いをすると、そのまま仕事を続けていた。

「都合のいいタイミングで、ちょうどいい量の仕事が回ってくるなんて都合のいいことは、日本にもフランスにもない」
そう思いながら、可能な限り"仕事を取りに行く"1週間だった。"ゲスト"ではなく、"チームの一員"として店に貢献したいと思った。たった1週間だから、頑張れたのかもしれない。でも、この1週間は僕の大きな大きな財産となっている。

ただ1つ、いまだに解せないのは、生ハムを持ってきてくれと言ったアンドレアスの口調があまりに本気だったこと（笑）。僕を驚かすために演技をしていたというのなら、まさにオスカー級の迫真の演技だ。結局、帰国するまでそのことをアンドレアスに聞きそびれてしまった。
今年もまた「スプリング」にお世話になるかもしれない。次に会ったら彼に真相を聞いてみよう。

デザート
Dessert

僕は実は甘い物が大好きだ。とくにアイスクリームには目がない。だから、この章にはアイスクリームが何種類も出てくる。アイス好きが作っているアイスだから、きっとおいしいと思う。ぜひ試してみてほしい。デザートには珈琲や紅茶はもちろんのこと、デザートワインか甘みを含んだワインを合わせるものいい。

フォンダン・ショコラ
Fondant au chocolat

通常フォンダン・ショコラは、ガナッシュと呼ばれる
焼くことで溶けるチョコレートを中に仕込むのだけれど、
ここで紹介するレシピはもっとシンプル。
ガナッシュを入れない代わりに、焼き加減で外側には火が入り、
中はトロトロという状態を作り出す。そのため焼き加減には
細心の注意を払って、焼きすぎや生焼けに注意する。
このフォンダン・ショコラはレシピ5の状態で冷凍庫で
保存することも可能。その場合にはレンジで約30秒、
表面がかすかに揺れる程度まで溶かしてから、オーブンに入れる。

材料（直径7.5cmのココット14個分）
クーベルチュールチョコレート（スイート）　500g
全卵　8個（約480g）
カシスリキュール　90g
生クリーム　100g
グラニュー糖　90g
小麦粉　15g
アイスクリーム　適量

1　クーベルチュールチョコレートをナイフで刻み、湯せんにかけてなめらかに溶かす。
2　全卵にカシスリキュールとグラニュー糖の約半量（45g程度）を加え、ミキサーでもったりするまでかき混ぜる。
3　生クリームにグラニュー糖の残りの半分を加え、ミキサーにてホイップする（10分立て）。
4　1、2、3をすべて合わせ、ふるった小麦粉を加え、へらでさっくり混ぜ合わせる。
5　型に流し、195℃のオーブンで約5分、表面がふんわりとふくれるまで加熱する。
6　アイスクリームをのせていただく。

おすすめのワイン
ジェローム・ランベール／
デュ・ブー・デ・リーヴル
完熟した貴腐葡萄を酸化防止剤無添加で醸した甘口ワイン。微生物が動きやすい糖度が高い葡萄を無添加で仕込むという極めてリスキーな作り。香りは、カルヴァドスやシェリーのようなひね感に、レーズンや糖蜜の甘さが混じる。100％葡萄由来の甘み。濃厚な甘さを舌に感じながら、いくら飲んでも飲み疲れない。

ヌガー・グラッセ
Nougat glacé

ヌガー・グラッセとは、ヌガー（ナッツやドライフルーツをキャラメルで
コーティングしたもの）とグラッセ（冷やし固めたもの）を組み合わせた、
本来、甘みたっぷりで濃厚なデザート。そこにフランボワーズなどの
酸みのきいたソースを合わせるのがクラシックなスタイルだが、
僕は軽めで爽やかなヌガー・グラッセを作りたいと思い、
クリームチーズとレモンをたっぷりと使って、爽やかな風味に仕立ててみた。

材料（8人分）
ヌガー：
グラニュー糖　220g
水　80cc
ナッツ類
├─アーモンド　25g
├─くるみ　30g
└─アーモンドスライス　45g
ドライフルーツ類
├─ドライ無花果　30g
├─ドライアプリコット　15g
├─レーズン　25g
└─ドライクランベリー　25g
バター　10g

グラッセ：
クリームチーズ　400g
グラニュー糖　100g
レモン汁　80g（約2個分）
生クリーム　50g
卵白　60g
蜂蜜　30g

キャラメル・ソース　適量　＊p.127参照

ヌガーを作る

1　鍋にグラニュー糖と水を入れキャラメル色になるまで中火で加熱する。
2　1にナッツ類とドライフルーツ類を加え弱火にかけながらしっかりと混ぜる。混ざったら火を止め、バターを加えよく混ぜ合わせる。
3　2をバットに平らに広げ粗熱を取る。冷めるとキャラメルが固まり、ヌガーができあがる。

グラッセを作る

4　ボウルにクリームチーズとグラニュー糖、レモン汁を入れ、ハンドミキサーでなめらかになるまで混ぜる。
5　生クリームを泡立て器で9分立てにする。
6　蜂蜜を小鍋で110℃まで熱し、卵白を少しずつ加えながら、しっかりと角が立つ固さのメレンゲにする。
7　4と5と6を合わせ、そこに3のヌガーをさっくりと混ぜ合わせ、型に流し込み、冷凍庫で冷やし固める。
8　完全に固まったら、厚さ2cm程度に切り出し、キャラメル・ソースを飾る。

ローズヒップとカンパリのジュレ、
グレープフルーツとしょうがのソルベ添え
**Gelée de campari et cynorrhodon,
sorbet au pamplemousse et au gingembre**

スタンダードカクテルは、多くのバーテンダーに研究され、工夫が重ねられてできた飲み物で、すでに完成されたレシピの宝庫だ。僕は時にそういったカクテルからヒントを得て、デザートや料理に変換していく。たとえばスプモーニとディタモーニというカクテル。どちらもグレープフルーツジュースを使ったカクテルで、そこにカンパリやディタといったリキュールとトニックウォーターを加えた、女性に人気のフルーティーなカクテルだ。ここではディタ、カンパリとグレープフルーツの組み合わせに注目して、僕なりにデザートに仕上げてみた。カンパリのアルコールを残して仕上げれば、ほんのり苦みがきいた大人の雰囲気のデザートになる。そして忘れてならないのが、添えてあるソルベだ。しょうががきいた大人の味に仕上げてあり、これがトニックウォーターの役割をしてくれる。このソルベ単体で召し上がっていただいてもとてもおいしい。食事の後の口の中をさっぱりとしてくれるので、とても気に入っている。

材料（4人分）
グレープフルーツ　2個
蜂蜜　大さじ1
ローズヒップティー　総量350cc

ディタモーニのジュレ：
ローズヒップティー
　　350ccのうち200cc
ピンクグレープフルーツジュース
　　100cc
ディタ　55g
グラニュー糖　40g
レモン汁　20g
板ゼラチン　15g

カンパリのジュレ：
カンパリ　50g
ローズヒップティー
　　350ccのうち150cc
グラニュー糖　20g
レモン汁　5g
板ゼラチン　8g
葡萄（マスカット種など）　15粒

グレープフルーツとしょうがのソルベ：
ピンクグレープフルーツジュース
　　500cc
グラニュー糖　150g
蜂蜜　25g
しょうがのしぼり汁　25g
板ゼラチン　3.5g

ミント（飾り用）　適量

1　グレープフルーツは房から出し、蜂蜜をからめておく。
2　ディタモーニのジュレを作る。ローズヒップティーを作り、200ccを小鍋に入れる。そこにピンクグレープフルーツジュース、ディタ、グラニュー糖、レモン汁を加え味をととのえ、板ゼラチンを溶かし、粗熱を取っておく。
3　テリーヌ型の内側にラップをぴったりとくっつけるようにしく。そこに1のグレープフルーツの房を並べ、2を流し入れ、冷蔵庫で冷やし固める。
4　カンパリのジュレを作る。鍋にカンパリを入れ、さっと一度沸かしてアルコールを飛ばす（アルコールの飛ばし具合で仕上がりの雰囲気が変わってくる）。
5　アルコールを飛ばしたカンパリにローズヒップティー150ccとグラニュー糖、レモン汁を加え味をととのえ、板ゼラチンを溶かし、粗熱を取っておく。
6　3のテリーヌ型を冷蔵庫から取り出し、ジュレがしっかりと固まっているのを確認したら、その上に葡萄を並べる。
7　葡萄の上から5を流し入れ、冷蔵庫で冷やし固める。
8　グレープフルーツとしょうがのソルベを作る。鍋に材料をすべて入れ温めて材料をよく溶かす。
9　8を氷水に取り、冷やしたらアイスクリームマシーンにかける。アイスクリームマシーンがない場合は、8を容器に入れ、冷凍庫にて冷やし固める。途中30分おきにスプーン等を使い、かき混ぜる作業を数回繰り返す。
10　ジュレをテリーヌ型から取り出し、厚さ2cm程度に切り出し、グレープフルーツとしょうがのソルベを添え、ミントを飾って完成。

ココナッツのブランマンジェ、パイナップルとバジルのソルベ
Blanc-manger au coco, sorbet à l'ananas et au basilic

甘みと酸みがふわっと香る、爽やかでおいしいデザート。パイナップルとバジルの組み合わせが非常においしいので、ぜひ作ってみていただきたい。
お店ではアイスクリームマシーンを使っているが、この機械がなくても手で作ることができる。
もしパイナップルピュレが手に入らない場合は、生のパイナップルをミキサーにかけたものを使用する。

材料（直径7.5cmのココット8個分）
ココナッツのブランマンジェ：
ココナッツミルク　1缶（約400g）
牛乳　280g
生クリーム　110g
グラニュー糖　70g
板ゼラチン　8g
ペルノー酒　22g

パイナップルとバジルのソルベ：
パイナップルピュレ　500g
バジル　1パック
水　50cc
グラニュー糖　80g
板ゼラチン　5g

飾り用バジル　適量

ココナッツのブランマンジェを作る
1　板ゼラチンは水につけてふやかしておく。ココナッツミルクと牛乳、生クリーム、グラニュー糖を鍋に入れさっと沸かす。
2　1の鍋を火から下ろし、ふやかしたゼラチンとペルノー酒を加え、好みの型に流し込み冷蔵庫で冷やし固める。

パイナップルとバジルのソルベを作る
3　バジルは枝から葉をはずして葉の部分だけを使用する。パイナップルピュレにバジルの葉を加えミキサーまたはフードプロセッサーにかける。
4　板ゼラチンは水につけてふやかしておく。小鍋に水とグラニュー糖を入れ弱火にてグラニュー糖を溶かしシロップを作る。グラニュー糖が溶けたら火から下ろし、ふやかしたゼラチンを溶かし込む。
5　3を4のシロップでのばし、アイスクリームマシーンにかける。アイスクリームマシーンがない場合は容器に入れて冷凍庫で冷やし固めながら、15分ごとにスプーン等でかき混ぜシャーベットにする。

仕上げ
6　盛りつける。2のブランマンジェの容器の底を湯で温め、逆さにして容器から外して皿に盛る。5のソルベをスプーンでくり抜き横に添え、バジルを飾って完成。

パイナップルのソテーとリ・オレ、ココナッツソルベ添え
Ananas sauté et riz au lait, sorbet au coco

これは団体のお客様が来られたときによく作るデザート。オーブンからローストした
パイナップルを取り出したら、すぐにそのままテーブルまでお持ちして、
お客様の前でカットしていく。ローストしたパイナップル特有のトロピカルな甘い香りが
店内じゅうに広がる。そこにカルダモンの粒をのせれば、香りはさらに複雑になり、
エキゾチックさが倍増する。ちなみにこのデザート、カクテルのピニャコラーダが
ヒントになっている。パイナップルとココナッツ。そこに大好きなリ・オレを合わせてみた。
リ・オレはオレンジの皮が加わることでぐっとおいしくなる。

材料（6〜8人分）
ココナッツのアイスクリーム：
- ココナッツミルク缶　1缶（約400g）
- 牛乳　250g
- 生クリーム　30g
- グラニュー糖　150g
- マリブ等のココナッツリキュール　130g
- 板ゼラチン（冷水でふやかしておく）　7g

リ・オレ：
オレンジの皮　1/4個分
米　80g
牛乳　200g
グラニュー糖　75g
水　120cc
シナモンパウダー　適量
生クリーム　適量

パイナップルのロースト：
パイナップル　1個
カルダモン（殻から出して刻んでおく）　少々

キャラメル・ソース　適量　＊p.127参照

1　ココナッツのアイスクリームを作る。
　材料をすべて合わせ、アイスクリームマシーンに入れ回す。アイスクリームマシーンがない場合は容器に入れて冷やし固めながら、30分ごとにスプーン等でかき回しては冷やし固める作業を繰り返す。

2　リ・オレを作る。
　オレンジの皮は裏側の白い部分を取り除く。沸騰した湯でオレンジの皮を2回ゆでこぼす。粗熱が取れたら、細かくみじん切りにしておく。

3　鍋に牛乳、水、グラニュー糖を入れ、沸いたら洗った米を加え、約30分間弱火でゆでる。米の芯がなくなり次第火から外す。米をゆでている間に水分が足りなくなったら、随時水を足す。

4　3が熱いうちにシナモンと2の刻んだオレンジの皮を加え、粗熱を取り、冷蔵庫に入れておく。

5　パイナップルをローストする。
　パイナップルをアルミホイルでくるみ、190℃のオーブンにて約45分間、竹串がすっと入るようになるまで加熱する。

6　パイナップルの皮をむき、1.5cm程度の厚さにスライスし刻んだカルダモンの粒を2〜3粒アクセントとしてのせる。

7　4のリ・オレを冷蔵庫から出し、生クリームを加え濃度を調整しながらスプーンでほぐしておく。

8　皿にリ・オレを盛り、6のパイナップルをのせ、ココナッツアイスクリームをのせ、最後にキャラメル・ソースをかけて完成。

バナナのしっとりパウンドケーキ
Gâteau à la banane

バナナのケーキとはなんでこんなにおいしいのだろう。しかもバナナは安価で手に入る。購入したバナナは室温で吊るして保管して、柔らかく完熟するまで待ってから使ってみてほしい。おいしさも倍増するはず。このデザートも火入れが命。オーブンによってクセがあるので、しっとりとした焼き上がりができるまで、オーブンの温度と焼き時間は微調整してみていただきたい。ここではバナナケーキとは絶対的に相性のいいチョコレートアイスを添えた。

材料（5～6人分/大きめのパウンドケーキ型1本）
バナナ　3本
全卵　2個
グラニュー糖　90g（カラメルバナナ用）
グラニュー糖　75g（ケーキ用）
アーモンドプードル　25g
薄力粉　75g
無塩バター　70g
シナモンパウダー　適量

1　バターをレンジにかけ、溶かしておく。
2　バナナ1本の皮をむき、乱切りにしておく
3　アーモンドプードルと薄力粉は2回ふるっておく。
4　型に分量外のバターを薄く塗り、クッキングシートを貼りつけておく。
5　鍋にカラメルバナナ用のグラニュー糖を入れて、弱火にかける。カラメル色になってきたら、皮をむいたバナナ2本を入れてマッシャーでつぶし、シナモンパウダーを少々ふりかける。
6　5分ほど弱火で煮たら火を止めて、別にしておいた2のバナナの乱切りを鍋に入れ食感を残すように軽くつぶす。室温にて粗熱を取る。
7　大きめのボウルに全卵とケーキ用のグラニュー糖を入れ、白くもったりと筋ができるまでハンドミキサーで混ぜる。
8　溶かしバターと6を7に加え、へらで混ぜる。
9　8に3のアーモンドプードルと薄力粉を入れてさっくりと混ぜる。
10　混ざったら型に流し入れ、160℃のオーブンで20分焼く。

チョコレートアイスクリーム

材料（作りやすい量）
卵黄　4個
牛乳　330g
グラニュー糖　80g
クーベルチュールチョコレート（スイート）　170g
生クリーム　130g
ココアパウダー　8g
水あめ　20g

1　アングレーズ・ソースを作る。
　　ボウルに卵黄とグラニュー糖を入れ、白くもったりとするまでよく混ぜる。
2　鍋で牛乳を80℃まで温め、1のボウルに加え混ぜる。
3　卵黄、グラニュー糖、牛乳が混ざったものを鍋に戻し、へらでかき混ぜながら弱火にかけ、とろみをつける。とろみが出てきたら、すぐに濾して急冷する。アングレーズ・ソースが完成。
4　鍋にクーベルチュールチョコレートを入れ、湯せんにかけ溶かす。そこに生クリームとココアパウダーと水あめを加え、なめらかになるまで混ぜ合わせる。
5　3のアングレーズと4を混ぜ合わせてアイスクリームマシーンにかける。アイスクリームマシーンがない場合は、容器に流し込み、30分おきくらいにスプーン等を使ってかき混ぜながら、冷やし固める。

スパイシー・ビスコッティ
Biscotti aux épices

コーヒーなどにひたして食べると最高においしいビスコッティ。
僕はスパイスをふんだんに使って、ちょっと大人のビスコッティに仕上げている。
中でもカイエンヌペッパーの辛み成分がこのビスコッティを特別にしていると思う。
甘みと辛み。やみつきになるおいしさ。
おみやげなどにしても喜ばれる。

材料（6〜8人分）
アーモンド（ホール）　50g
クーベルチュールチョコレート
　（スイート）　50g
ドライクランベリー　40g

スパイス類
├コリアンダーシード　2g
├カルダモン　3粒
├クローブ　2個
├クミンシード　2g
├黒コショウ　2g
├シナモンパウダー　2.5g
├ナツメグパウダー　1.5g
├しょうがパウダー　1g
└カイエンヌペッパー　少々

薄力粉　250g
グラニュー糖　100g
ベーキングパウダー　4g
全卵（Lサイズ）　1個
水　80cc程度

1　アーモンドはトースターで軽くローストして香りを出す。クーベルチュールチョコレートは包丁で粗く刻んでおく。スパイス類はミルで粗めに挽いておく。

2　ボウルに薄力粉、グラニュー糖、ベーキングパウダー、スパイス、卵、水の半量（40cc程度）を入れ軽くこねる。もし水分が足りないようだったら残りの水を少しずつ加える。

3　生地がまとまったら、ドライクランベリーとチョコレート、アーモンドを加え一かたまりにまとめ、直方体に成形する。

4　天板にクッキングシートをしいて、その上に3の生地をのせ170℃のオーブンで20分焼く。

5　生地は半焼け状態になっているので、粗熱を取り、包丁で厚さ1.5cmに切り分ける。

6　網の上にのせ、150℃のオーブンで15分焼き固めてできあがり。

フィリップと満月とワイン

車内まで泥だらけの彼の小さな赤い車は、あぜ道の途中で何度か大きく車体をはずませながら、いくつかの葡萄畑の横を通り抜け、もうあたりは深い森ばかりになってしまった所で止まった。
「ここから先は少し歩かなければいけないよ」
フィリップは僕にそう伝えると車を降り、茶褐色のごつごつした石がむき出しの道を歩き出した。

うっそうとした森の中に続く小道は、フィリップが先導してくれていなかったら、きっとうす気味悪くて歩を進めるのに尻込みしていただろう。
空気は少し湿った香りを含み、野草や樹木、きのこなどの野生植物が勢力を誇示するかのように生い茂っている。あまりに緑が濃いので、その陰鬱な雰囲気に少々胸騒ぎを覚えるほどだった。すぐ傍らの茂みの奥、そして一帯を取り囲んでいる小高い山々のどこかから、野生動物たちのざわめきが聞こえてくる。

山の形に沿って、小道を少しカーブを描くようにして進むと、突然少し開けた場所に出た。
同時に周囲がしんと静まり返ったような気がした。
フィリップの持つ畑、ロッシュ・ノワールだ。
完全な野生に囲まれているのに、そこだけは整理された凛とした美しさがあった。
ロッシュ・ノワールには神秘的な空気が漂っていた。少なくとも僕にはそう感じとれた。
畑のすぐ際まで山肌が迫り、まるで山々が彼の畑を守っているようにも見える。
まるでそこだけが人間との接点を許されたような秘密の場所。そしてとても静かな場所。

ロッシュ・ノワール＝黒い石と名づけられた畑は、文字通り独特の石で畑一面が覆われている。一見すると茶褐色のその石は、石同士をぶつけると簡単に割れ、中から真っ黒なマンガン質が現れる。
その特異な地質が彼の同名のワイン＝ロッシュ・ノワールに独特な表情を持たせている。
「今年は野生の豚が葡萄を食い荒らしてしまって、ロッシュ・ノワールの収穫はほとんどないよ」
フィリップは少しだけ残念そうにそう言いながら、鞄からグラスを2つ取り出し、ワインを注いでくれた。
僕らはロッシュ・ノワールの畑を眺めながらワインを飲んだ。
僕はそこで飲んだワインの味を一生忘れないだろう。

「ちょっと、君のノート貸してくれる？」
フィリップは突然そう言うと、僕のノートを取り上げ、何かの図を書き込み始めた。

「月が僕のワインにエネルギーを与えてくれているんだよ」
ノートには樽(たる)の中の状態を表す簡単な図が描かれていて、それを元にフィリップは一生懸命に何かを伝えようとしてくれていた。

「満月の夜が来るたびに、月の引力の影響で樽の中では澱(おり)が舞うんだ。その澱は月が欠けていくにつれて、また少しずつ沈んでいくんだけれど、じつは全部の澱が元通りに完全に沈むわけではなくて、一部の澱はエネルギーとなって、ワインに溶け込むんだよ」
熱を帯びた口調で彼は話を続ける。

「満月が来るたびに、ワインにエネルギーが蓄えられていく。だから僕は何度も何度も満月が来るのを待ち続けるんだ。僕のワインにエネルギーが完全に満ちるまでね」

そうしてできたワインが彼の代表作〈バルタイユ2005〉。
このワイン、なんと7年もの間、樽の中で寝かされている。7年もの間寝かされていたということは、言い換えれば、彼は7年間このワインに対して収入を得ることがなかったということ。
しかし彼がそこまでこだわって瓶詰めを待ったという理由も、このワインを飲んでいただければ、きっと伝わってくるはず。
7年という時を経て、彼のワインはまったく別の次元へと昇華している。たしかにここには、7年分の満月が与えてくれたエネルギーが詰まっているのだ。

ヴァン・ナチュールの生産者には、フィリップのように収支を度外視して理想のワイン作りを追求している人たちが少なくない。そして利益至上主義でないが故に、彼らは一様にして決して裕福とは呼べないような生活をしているのが現実だ。
だからこそ僕は、彼らのような生産者を応援していかなくてはいけないと思っている。
天候が悪く葡萄の生育が難しかった年、生産量が激減した年、そんな年でもきっと僕は彼らのワインを買うだろう。そして彼らの人柄や、彼らのワイン作りに対する真摯な姿勢を思い出しながら、彼らのワインを飲むに違いない。
そして彼らのワインがどのようにして作られ、この世に送り出されてきたのかを、少しでも多くのお客様方に伝えられるように努力していかなければいけないと思っている。

便利でおいしい、だし・ソース・保存料理

フォン・ブラン（鶏ガラだし）

フォン・ブランとは、鶏ガラからとっただしのこと。フランス料理における基本的なだし。「フォン・ド・ヴォー」に比べて軽いので、魚料理から肉料理まで幅広く使えて便利。

材料（作りやすい量）
鶏ガラ　1羽分
玉ねぎ　大1個
人参（中サイズ）　1本
セロリ　1本
にんにく　1個
タイム　3本
ローズマリー　2本
ローリエ　2枚
黒こしょう（ホール）　少々
水　3000cc

1. 鶏ガラは流水に当て、余分な汚れや血を洗い流しておく。
2. 鶏ガラを大きな鍋に入れ、完全にひたる量の水を加える。
3. 中火にかけ沸騰手前まで温度を上げる。弱火にしてアクをていねいに取り除く。玉ねぎ、人参、セロリ、にんにくをすべて半割りにして加える。残りの材料も加え、弱火で決して強く沸かさないように鍋内の対流をおだやかに保つ。
4. 4時間火にかけたら、濾して完成。

クールブイヨン（野菜のだし）

フレンチで使われる、野菜のだし。料理を軽く仕上げたいときに重宝する。あまり日持ちしないので、冷蔵庫にて保存し、2〜3日以内に使い切ること。

材料（作りやすい量）
玉ねぎ（スライス）　1/4個
セロリ（スライス）　1/4本
人参（スライス）　1/4本
ローリエ　1枚
タイム　1本
パセリの軸（あれば）　2〜3本
白ワイン　100cc
水　1500cc

鍋に材料をすべて入れ、沸騰させる。その後、1時間弱火にかけて、完成。

フュメ・ド・ポワソン（魚のだし）

フレンチで使われる、魚から取っただし。繊細で軽い風味が特徴。こちらもいろいろな料理に使えて便利。

材料（作りやすい量）
白身魚のあら（頭と中骨）　数尾分
玉ねぎ　大1個
セロリ　1本
にんにく　1/2かけ
白ワイン　300cc
タイム　3本
ローリエ　2枚
水　1500cc

1. あらからエラを外しておく。流水に当て血合いと汚れを落とす。
2. 大きめの鍋に1のあらを入れ、あらが完全にひたる量の水を加える。
3. 中火にかけ沸騰直前まで達したら弱火にし、アクをしっかりと取り除く。
4. 玉ねぎ、セロリ、にんにくをすべて半割りにし、タイムとローリエ、白ワインと共に3に加え、弱火にて4時間わずかに液面が揺らめく程度の弱火を保つ。随時アクをすくい、4時間たったら、濾して完成。

バルサミコ・ソース

簡単に作れて野菜や肉、魚等、さまざまな料理に使える万能ソース。長期保存もできるので多めに作っておいて冷蔵庫の常備品としておいても便利。

材料 (作りやすい量)
バルサミコ酢　200cc
蜂蜜 (または砂糖)　小さじ1と1/2

1　バルサミコ酢と蜂蜜を小鍋に入れ、中火にかける。
2　沸騰したら弱火にして、焦げつかないように注意しながら、とろみがつくまで煮詰めて完成。

アンチョビ焦がしバター・ソース

日本語で「焦がしバター・ソース」という名がついているが、フランス語では「ブール・ノワゼット (はしばみ色のバター・ソース)」と呼ばれている。しっかりと色をつけた方がおいしいのだが、焦がしてしまってはいけない。レモンもしっかりときかせるとソースに締まりが出ておいしい。バターは色づき始めてからは進行が速いので、材料はすべて用意して手元に置いておき、すばやく調理することがポイント。

材料 (作りやすい量)
発酵バター　100g
アンチョビフィレ　2枚 (約12g)
レモン汁　1/2個分
冷やすための氷水　適量

1　アンチョビは包丁の背を使ってペーストにしておく。レモンはしぼっておく。小鍋より一回り大きな容器に氷水をはっておく。
2　発酵バターを小鍋に入れ、弱火にかける。鍋をゆすりながら加熱を続ける。最初は大きな泡が立つが、次第に泡が小さくなりバターに色がつき始める。バターが香ばしい香りを放ち、茶褐色になったら、すばやくアンチョビを加え香りを立たせる。すぐに火から下ろし鍋底を冷水に当て火が入るのを止める。
3　レモン汁を加え、味をととのえる (塩気が足りないようだったら、アンチョビを加え調整する)。

白ワインとハーブのソース
(ソース・フィーヌ・ゼルブ)

煮詰めた白ワインにだしとハーブを加えて作るソース。白身の魚や鶏によく合う。

材料 (作りやすい量)
エシャロット (みじん切り)　1/2個分
バター　小さじ1と1/2
白ワイン　80cc
あめ色玉ねぎ　30g ＊p.127参照
フォン・ブラン　600cc ＊p.124参照
生クリーム　60g
塩こしょう　適量
ブールマニエ (小麦粉とバターを
　1：1で練ったもの)　3g
ディル　1/2本
タラゴン　1/3本
チャービル　1/2本

1　鍋にバターとエシャロットのみじん切りを加え、エシャロットがしんなりとするまで、弱火にてじっくりと炒める。エシャロットを焦がさないように注意する (焦げそうになったら少量の水を加える)。
2　白ワインを加え、弱火にてミロワールになるまで (水分が完全になくなった状態まで) 煮詰める。焦がさないように注意する。
3　フォン・ブランを加え、量が1/3になるまで弱火で煮詰める。
4　3を裏ごしし、生クリームを加えて、軽く煮詰める。塩こしょうで味をととのえる。
5　粘度が必要であればブールマニエを加えてとろみをつける。
6　刻んだディル、タラゴン、チャービルを加えて完成。

便利でおいしい、だし・ソース・保存料理

しょうがドレッシング

僕が使っているメインドレッシングの1つ。さっぱりとした仕上げにしたいときには、このドレッシングを使用している。

材料（作りやすい量）
しょうがのしぼり汁　25g
オレンジマーマレード　70g
赤ワインビネガー　60cc
白ワインビネガー　40cc
ディジョンマスタード　60g
塩　4g
EVオリーブオイル　300g

1　EVオリーブオイル以外の材料をすべて合わせ、よく混ぜる。
2　1にEVオリーブオイルを少しずつ加えながら、撹拌し乳化させて完成。

スパイス・ドレッシング

ほんのりとカレーの風味と甘酸っぱい柑橘をきかせたマグレブ風のドレッシング。エキゾチックな味つけが欲しいときに使う。

材料（作りやすい量）
にんにく　4かけ
EVオリーブオイル　50g
塩　3g
ディジョンマスタード　90g
カレー粉　1.5g
赤ワインビネガー　60cc
白ワインビネガー　80cc
オレンジマーマレード　45g
EVオリーブオイル　200g

1　小鍋ににんにくとEVオリーブオイル50gを入れ、約15分間弱火でじっくりと火を通す。にんにくが完全に柔らかくなったら、火から外し、粗熱を取っておく。
2　1をミキサーにかけ、なめらかにしておく。
3　ボウルに2とEVオリーブオイル以外の材料をすべて入れ、泡立て器で撹拌しながらEVオリーブオイル200gを少量ずつ加えて、すべての材料が混ぜ合わさったら完成。

パート・ブリゼ（タルト生地）

パテ・アンクルートやタルト等に使う生地。あまりこねすぎると生地が重くなるので注意。ここでは作りやすい分量を表記してあるが、ラップで包んで冷蔵庫で保存し、使う分だけ切り出して使用する。

材料（作りやすい量）
薄力粉　600g
無塩バター（冷蔵庫で冷やしておく）
　270g
塩　6g
卵　3個
水　60cc

1　ボウルに薄力粉と冷たい状態の無塩バターと塩を入れ、スケッパーを使って細かくくずす。
2　1の真ん中にくぼみを作り、そこに卵と水を加え、混ぜ合わせながら1つにまとめる。
3　2をボウルから取り出し、作業台の上でこねる。生地につやが出てしっとりとしたら、ラップで包み、冷蔵庫で1時間ほど寝かせる。

レモンコンフィ

自家製のレモンコンフィを作って、さまざまな料理に使用している。市販のものとは違って、甘みもついている。有機レモンを使うことで発酵が始まる。防腐剤がついたものだと発酵しにくいので注意。

材料（作りやすい量）
有機レモン　8個
砂糖　500g
塩　100g
水　800cc

1　砂糖と塩を混ぜ合わせる。
2　有機レモンに十字に切り込みを入れ、1の一部を切り込みに詰める。
3　残った1を水に溶かしておく。
4　2のレモンを密閉瓶に入れ、3を注ぎ、レモンが完全にひたった状態にする。
5　瓶を密閉し、室温に置く。数日〜1週間ほどで発酵が始まる。そのまま最低1か月半ほどおいてから使用する。

あめ色玉ねぎ

玉ねぎとにんにくを、じっくりと時間をかけて炒めたもの。料理にコクを与えたいとき、自然な甘みを加えたいとき、煮込みやソースを作るときに重宝する。時間があるときに仕込んでおいて、小分けにして冷凍保存が可能。

材料（作りやすい量）
玉ねぎ　4個
にんにく　2かけ
サラダ油　適量
水　少々

1　玉ねぎはスライスにして、にんにくは皮をむき、つぶしておく。
2　鍋にサラダ油を引き、1の玉ねぎとにんにくを加え、フタをして弱火にて約1時間玉ねぎがあめ色になるまで加熱する。途中焦げつかないように、へらでかき混ぜる（焦げつきそうな場合は水を少量加えて焦げつきを防ぐこと）。
3　粗熱が取れたら、完成。

キャラメル・ソース

キャラメル・ソースはグラニュー糖を焦がす程度で味わいが大きく異なってくる。しっかりと焦がせば、苦みが強く締まった印象のソースになる。自分の好みの焦がし具合を見つけてほしい。焦がしたグラニュー糖に沸騰した湯を注ぐと強く飛び散るので、火傷などに注意。

材料（作りやすい量）
グラニュー糖　100g
水　20cc
水　50cc

1　小鍋にグラニュー糖と水20ccを加え中火にかけ、鍋の端から色づき始めたら鍋を揺すって火の入りを均一にする。別の鍋に水50ccを沸騰させておく。
2　グラニュー糖がキャラメル色になったら、沸騰させた水50ccを加え、へらですばやくキャラメルを溶かす。粗熱を取って完成。冷蔵庫にて保管する。

おわりに

10年前、「ウグイス」を立ち上げたとき、はたして自分が本を出版するなんて想像したことがあっただろうか？
それ以前に、10年間店を続けられると思っていただろうか？
正直10年前の僕は、そんなこと微塵も考えていなかった。
毎日がむしゃらにやってきただけだった。

一人で店をやっていたころ、僕はお客様にいつも助けられていた。営業中に食材が足りなくなって、買い出しに行っている間にお客さんに店番をしてもらうなんてことはしょっちゅう。それどころか皿洗いを手伝ってもらったり、お会計の計算をしてもらったりと、自分で言うのも恥ずかしいが、そのころの「ウグイス」はとにかくいたらないことだらけの店だったと思う。
そんなひどい店だったのに、まるで自分のことのように「ウグイス」という店を心配してくれたお客様たちが何人もいた。この場を借りて彼らにお礼を申し上げたい。本当にありがとうございます。

徐々にお客様が増えていくにつれ、僕の仕事量も増え、もうどうにも一人でやるには限界かなというときにスタッフを雇った。そして二人でやるようになって気づいたことがあった。一人のときは、たまに限界を超えた120％のパフォーマンスをすることがあったかもしれないけれど、逆に疲れがたまっていたりすると、今度は50％のパフォーマンスしかできなかったりしていた。それが二人で店を回すようになると、多少の波はあるにせよ、一人あたり常に70～80％くらいのパフォーマンスができるようになったのだ。
人手が増えたおかげで、今までできなかった少し手の込んだ料理にも挑戦できるようになった。お客様にご迷惑をおかけすることも、以前よりは少なくなった。

今まで多くのスタッフが「ウグイス」と「オルガン」で働き、そしてそのうちの何人かは、彼ら自身の別の人生へと進んでいった。本当はここで彼ら全員一人一人に向けてお礼の気持ちを記したいのだけれど、書ききれないのと文章の内容に不公平が出るといけないのでやめておく。

でも1つ強く言っておきたいのは、僕は本当にスタッフに助けられてきた。そして彼らがいなかったら、今の「ウグイス」と「オルガン」は絶対になかっただろう。「ウグイス」と「オルガン」という2つの店は、僕が作った店でもあるかもしれないけれど、同時に彼らが完成させた店でもあるのだ。

みんな、本当にありがとう。

この本は、本来1年以上は前に日の目を見てもよかったはずなのに、僕の入稿が遅くてこのタイミングになってしまいました。辛抱強く接していただいた関係者の皆様、ありがとうございました。

そして、いつも心配してくれて、そして僕を支えてくれている両親と妻。
応援してくれてありがとう。
1日でも長く、前向きな気持ちのまま2つの店を続けていきたいと思います。

紺野 真

紺野 真（こんの まこと）
ウグイス/オルガン 店主。
1969年、東京都生まれ。87年、都立戸山高校卒業後、渡米。カリフォルニア・ロサンゼルスに移住。南カリフォルニア大学に通いながら、バンドを組みロックスターを夢見るが、挫折。レストランを3つ掛け持ちして生活するうちに、自分で店を持ちたいと思い始める。97年、帰国。原宿のカフェ「ヴァジー」、世田谷のビストロ「オー・ランデ・ヴー」で働いたのち、2005年、一人で「ウグイス」を三軒茶屋にオープン。2011年、2号店「オルガン」をオープン。
共著に『ウグイス アヒルのビオトーク ヴァン・ナチュールを求めて』（マガジンハウス）がある。

ウグイス（uguisu）
東京都世田谷区下馬2-19-6　電話：050-8013-0708
オルガン（organ）
東京都杉並区西荻南2-19-12　電話：03-5941-5388
http://cafe-uguisu.com/
Twitter:@cafe_uguisu

装丁　中村善郎（Yen Inc.）
撮影　加藤新作
スタイリング　福田里香
翻訳協力　田中裕子
編集協力　乙部美帆
編集　桑島暁子（サンマーク出版）

なぜかワインがおいしいビストロの絶品レシピ

2015年3月20日　初版印刷
2015年3月30日　初版発行

著者　紺野 真
発行人　植木宣隆
発行所　株式会社サンマーク出版
　　　　東京都新宿区高田馬場2-16-11
　　　　電話03-5272-3166
印刷・製本　株式会社暁印刷

© Makoto Konno, 2015 Printed in Japan
ISBN978-4-7631-3442-4　C0077

ホームページ　http://www.sunmark.co.jp
携帯サイト　http://www.sunmark.jp